suhrkamp taschenbuch 4505

AF179013

Es ist ein ganz gewöhnliches Datum, doch für Christa Wolf war es über fünfzig Jahre lang ein besonderes: Seit 1960 beschrieb sie Jahr für Jahr ihren 27. September, fasziniert von der »Bedeutung, die ein durchschnittlicher Tag bekommt, wenn man wahrnimmt, wie viele Lebenslinien in ihm zusammenlaufen«. Als sie dann 2003 *Ein Tag im Jahr. 1960-2000* veröffentlichte, war die Resonanz überwältigend: »Eine unvergleichliche Chronik unserer Gegenwart« (*Berliner Zeitung*), »ein monumentales Tagebuch ... eines ihrer wichtigsten Werke« (*Der Spiegel*). Auch im neuen Jahrhundert setzte Christa Wolf diese Arbeit fort und ging dem Zusammenspiel von Privatem, Subjektivem und großen zeitgeschichtlichen Ereignissen auf den Grund. Sie erzählt von Deutschland nach dem 11. September 2001, von der eigenen Arbeit etwa an ihrem letzten großen Werk *Stadt der Engel oder The Overcoat of Dr. Freud*, aber auch von der kräftezehrenden Auseinandersetzung mit dem Altern.

Eine persönliche Chronik und gleichzeitig ein einzigartiges Dokument der Zeitgenossenschaft: Christa Wolf führt mit der ihr eigenen präzisen Reflexion und mutigen Offenheit die Aufzeichnungen ihres großartigen Tage-Buchs *Ein Tag im Jahr* fort.

Christa Wolf, geboren am 18. März 1929 in Landsberg/Warthe (Gorzów Wielkopolski), wurde für ihr Werk mit zahlreichen Preisen ausgezeichnet, u. a. mit dem Georg-Büchner-Preis sowie zuletzt dem Thomas-Mann- und dem Uwe-Johnson-Preis. Sie starb am 1. Dezember 2011 in Berlin.

Christa Wolf

Ein Tag im Jahr
im neuen Jahrhundert

2001-2011

Herausgegeben von
Gerhard Wolf

Suhrkamp

Umschlagabbildung:
Martin Hoffmann, nach einem Foto von Helga Paris

2. Auflage 2014

Erste Auflage 2014
suhrkamp taschenbuch 4505
© Suhrkamp Verlag Berlin 2013
Suhrkamp Taschenbuch Verlag
Umschlaggestaltung: Göllner, Michels
Druck und Bindung: Druckhaus Nomos, Sinzheim
Printed in Germany
ISBN 978-3-518-46505-9

Ein Tag im Jahr
im neuen Jahrhundert

Mein siebenundzwanzigster September
Vorwort zu »Ein Tag im Jahr«

Wie kommt *Leben* zustande? Die Frage hat mich früh beschäftigt. Ist Leben identisch mit der unvermeidlich, doch rätselhaft vergehenden Zeit? Während ich diesen Satz schreibe, vergeht Zeit; gleichzeitig entsteht – und vergeht – ein winziges Stück meines Lebens. So setzt sich Leben aus unzähligen solcher mikroskopischen Zeit-Stücke zusammen? Merkwürdig aber, daß man es nicht ertappen kann. Es entwischt dem beobachtenden Auge, auch der fleißig notierenden Hand und hat sich am Ende – auch am Ende eines Lebensabschnitts – hinter unserem Rücken nach unserem geheimen Bedürfnis zusammengefügt: gehaltvoller, bedeutender, spannungsreicher, sinnvoller, geschichtenträchtiger. Es gibt zu erkennen, daß es mehr ist als die Summe der Augenblicke. Mehr auch als die Summe aller Tage. Irgendwann, unbemerkt von uns, verwandeln diese Alltage sich in gelebte Zeit. In Schicksal, im besten oder schlimmsten Fall. Jedenfalls in einen Lebenslauf.

Der Aufruf der Moskauer Zeitung »Iswestija«, der 1960 an die Schriftsteller der Welt erging, hat mich sofort gereizt: Sie mögen einen Tag dieses Jahres, nämlich den 27. September, so genau wie möglich beschreiben. Das war eine Wiederaufnahme des Unternehmens »Ein Tag der Welt«, das Maxim Gorkij 1935 begonnen hatte, das nicht ohne Resonanz geblieben war, dann aber nicht weitergeführt wurde. – Ich setzte mich also hin und beschrieb meinen 27. September 1960.

So weit, so gut. Aber warum beschrieb ich dann auch den 27. September 1961? Und alle darauf folgenden 27. September, bis heute – dreiundvierzig Jahre lang, nun schon mehr als die Hälfte meines erwachsenen Lebens? Und kann damit nicht aufhören? – Nicht alle Gründe dafür sind mir bewußt, einige kann ich nennen: Als erstes meinen Horror vor dem Vergessen, das, wie ich beobachtet habe, besonders die von mir so geschätzten Alltage mit sich reißt. Wohin? Ins Vergessen eben. Vergänglichkeit und Vergeblichkeit als Zwillingsschwestern des Vergessens: Immer wieder wurde (und werde) ich mit dieser unheimlichen Erscheinung konfrontiert. Gegen diesen unaufhaltsamen Verlust von Dasein wollte ich anschreiben: Ein Tag in einem jeden Jahr wenigstens sollte ein zuverlässiger Stützpfeiler für das Gedächtnis sein – pur, authentisch, frei von künstlerischen Absichten beschrieben, was heißt: dem Zufall überlassen und ausgeliefert. Was diese zufälligen Tage mir zutrieben, konnte und wollte ich nicht steuern; so stehen scheinbar belanglose Tage neben »interessanteren«, Banalem durfte ich nicht ausweichen, »Bedeutendes« nicht suchen oder gar inszenieren. Mit einer gewissen Spannung begann ich darauf zu warten, was dieser Tag des Jahres, wie ich ihn bald nannte, mir in dem laufenden Jahr bringen würde. Die Aufzeichnungen wurden zu einer manchmal genußvollen, manchmal lästigen Pflichtübung. Sie wurden auch zu einer Übung gegen Realitätsblindheit.

Als schwieriger erwies es sich schon, auf diese Weise Entwicklungen einzufangen. Alle diese einzelnen Tagesprotokolle können ja nicht beanspruchen, für die vierzig Jahre zu stehen, aus denen sie, inselhaft, herausgepickt wurden. Doch hoffte ich: Indem ich punktuell, in regelmäßigen Abständen, einen Befund erhob, mochte sich mit der Zeit eine Art Diagnose ergeben: Ausdruck meiner Lust, Verhältnisse, Menschen, in erster Linie aber mich selbst zu durchschauen. Ich notierte – oft am gleichen Tag beginnend, meistens noch bis in die nächsten Tage hinein –, was ich an jenem Tag erlebt, gedacht, gefühlt hatte, Erinnerungen, Assoziationen – aber auch die Zeitereignisse, die mich in Bann hielten, politische Vorgänge, die mich betrafen, den Zustand des Landes, in dem ich bis 1989 Anteil nehmend lebte, und – das war nicht vorhersehbar gewesen – die Phänomene des Zusammenbruchs der DDR und die des Übergangs in eine andere Gesellschaft, einen anderen Staat. Und natürlich spiegeln sich meine manchmal jäh, häufiger aber allmählich sich verändernden Einstellungen zu all diesen komplexen, komplizierten Vorgängen: Konflikthafte, angreifende Auseinandersetzungen. In diesem Sinne sind diese Aufzeichnungen mehr als nur Material, sie wurden – wenn auch keineswegs vollständig – auch ein Beleg für meine Entwicklung. Der Versuchung, frühere Fehlurteile, ungerechte Einschätzungen aus heutiger Sicht zu korrigieren, mußte ich widerstehen.

Diese Tagebuchblätter unterscheiden sich deutlich von meinem übrigen Tagebuch, nicht nur in ihrer Struktur, auch inhaltlich und durch stärkere thematische Gebundenheit und Begrenztheit. Aber auch sie waren nicht zur Veröffentlichung bestimmt, wie etwa jene anderen Texte es von vorneherein waren, die den Ablauf eines Tages zum Anlaß für ein Prosastück nehmen: »Juninachmittag«, »Störfall«, »Was bleibt«, »Wüstenfahrt« – Beweisstücke für meine Faszination von dem erzählerischen Potential in beinahe jedem beliebigen Tag. Dagegen bedurfte es eines ausdrücklichen Entschlusses, diese Aufzeichnungen zu publizieren, in denen das »Ich« kein Kunst-Ich ist, sich ungeschützt darstellt und ausliefert – auch jenen Blicken, die nicht von Verständnis und Sympathie geleitet sind.

Warum tut man das. Meine Erfahrung ist: Von einem bestimmten Zeitpunkt an, der nachträglich nicht mehr zu benennen ist, beginnt man, sich selbst historisch zu sehen; was heißt: eingebettet in, gebunden an seine Zeit. Ein Abstand stellt sich her, eine stärkere Objektivität sich selbst gegenüber. Der selbstkritisch prüfende Blick lernt vergleichen, wird dadurch nicht milder, vielleicht etwas gerechter. Man sieht, wieviel Allgemeines auch in Persönlichstem steckt, und hält für möglich, daß das Bedürfnis des Lesers, zu urteilen und zu richten, ergänzt werden kann durch Selbstentdeckung und, im günstigsten Fall, Selbstwahrnehmung.

Subjektivität bleibt wichtigstes Kriterium des Tagebuchs. Dies ist ein Skandalon in einer Zeit, in der wir mit Dingen zugeschüttet und selbst verdinglicht werden sollen; auch die Flut scheinbar subjektiver schamloser Enthüllungen, mit denen die Medien uns belästigen, ist ja kühl kalkulierter Bestandteil dieser Warenwelt. Ich wüßte nicht, wie wir diesem Zwang zur Versachlichung, der bis in unsere intimsten Regungen eingeschleust wird, anders entkommen und entgegentreten sollten als durch die Entfaltung und auch durch die Entäußerung unserer Subjektivität, ungeachtet der Überwindung, die das kosten mag. Das Bedürfnis, gekannt zu werden, auch mit seinen problematischen Zügen, mit Irrtümern und Fehlern, liegt aller Literatur zugrunde und ist auch ein Antriebsmotiv für dieses Buch. Es wird sich zeigen, ob die Zeit für ein solches Wagnis schon gekommen ist.

Aber der ausschlaggebende Grund dafür, diese Blätter zu publizieren: Ich denke, sie sind ein Zeitzeugnis. Ich sehe es als eine Art Berufspflicht an, sie zu veröffentlichen. Unsere jüngste Geschichte scheint mir Gefahr zu laufen, schon jetzt auf leicht handhabbare Formeln reduziert und festgelegt zu werden. Vielleicht können Mitteilungen wie diese dazu beitragen, die Meinungen über das, was geschehen ist, im Fluß zu halten, Vorurteile noch einmal zu prüfen, Verhärtungen aufzulösen, eigene Erfahrungen wiederzuerkennen und zu ihnen mehr Zutrauen zu gewinnen, fremde Verhältnisse etwas näher an sich heranzulassen ...

An der Authentizität der Texte habe ich festgehalten. Leichte Kürzungen wurden vorgenommen. In einigen Fällen mußten Sätze aus Gründen des Personenschutzes gestrichen werden.

April 2003

Christa Wolf hat die Aufzeichnungen zu ihrem 27. September, wie sie seit 2003 als Buch vorliegen (»Ein Tag im Jahr. 1960-2000«), fortgeführt. Zunächst, um sie getreulich zum eigenen Selbstverständnis festzuhalten, wobei sie schon für das erste Jahr 2001 von diesem Vorhaben Abstand nahm, als sie das Manuskript bei einem Treffen vorlas, das Bundeskanzler Gerhard Schröder am 23. Januar 2002 mit Schriftstellern im Kanzleramt veranstaltete (veröffentlicht wurde der Text in der »neuen deutschen literatur«, Heft 543, Berlin 2002, und im Band »Mit anderem Blick«, Frankfurt/M. 2005).

Die Texte sind hier nach den Maßgaben abgedruckt, wie sie die Autorin selbst festgelegt hat, nach den Fassungen, die als Ausdrucke aus ihrem Computer, also gewissermaßen von ihr zunächst autorisiert, zur Verfügung standen. Wir weichen in zwei Fällen, in denen uns nur die ersten handschriftlichen, also unbearbeiteten Manuskripte vorlagen, von diesem Ausgabeprinzip ab: 2008 konnte Christa Wolf die Ereignisse des Tages nicht sofort aufzeichnen, weil sie nach Operationen im Krankenhaus dazu nicht fähig war und nur in dieser handschriftlichen, nicht korrigierten Fassung später ihrer Pflicht nachkommen wollte, des Tages zu gedenken. 2011 schließlich hat sie auch dazu nicht mehr die Kraft. Am 27. September bricht sie mitten im Schreiben ab. Um von diesen Handschriften authentisch in Kenntnis zu setzen, werden sie auch als Faksimiles abgedruckt.

Gerhard Wolf, November 2012

Donnerstag, 27. September 2001
Berlin

Ich erwache von einer Stimme, die laut sagt: Ein Riß im Gewebe der Zeit. Ich lausche dieser Stimme nach, beglückt über die Wahrheit, die sie ausspricht, ehe mir bewußt wird, wo ich bin; daß es früher Morgen ist, daß ich im Bett liege, und je mehr Realität mein Bewußtsein widerwillig zuläßt, um so mehr schwindet das Gefühl der Beglückung; ich habe lernen müssen, daß Wahrheit nicht glücklich macht, weil sie allein nichts bewirkt. Aufdringlich, so als gehörten sie zur Realität (und sie gehören ja auch dazu), entstehen auf meinem inneren Bildschirm die letzten Bilder von CNN, die ich heute nach Mitternacht noch gesehen habe und mit denen ich schwer einschlafen konnte, obwohl ich nicht versäumt hatte, die zwei Kapseln Baldrian-Dispert zu nehmen: Der Sender verzichtete nicht auf das Wort Krieg: »America's War Against Terrorism«.

Mit einem Schlag sind die Gefühle von Spannung und Angst wieder da, die dieser Realität entsprechen und die schon so oft in meinem Leben den Tagesanfang begleiteten. Heute also die Frage: Haben die Amerikaner heute nacht ihren angedrohten Vergeltungsschlag gegen Afghanistan – oder gegen wen sonst? – unternommen? Da ich mir einreden kann, es sei noch zu früh, um aufzustehen, drücke ich mich noch etwas vor der Antwort – ganz anders, erinnere ich mich, als damals, als der Golfkrieg begann: Da hockte ich um vier Uhr nachts vor dem Fernseher und sah, was ich sehen sollte: Das Feuer, das der Landung der amerikanischen Truppen an der

Küste Kuwaits vorausging. Ich weinte und mußte dann in der Zeitung lesen, ich sei gegen Israel, wenn ich diesen Krieg nicht gutheiße, um viel später zu erfahren, daß die junge Frau, die mit ihrem Augenzeugenbericht über die von entmenschten Irakern ermordeten kuwaitischen Babys die letzte moralische Rechtfertigung für die Bombardements geliefert hatte, die Tochter eines Angehörigen der kuwaitischen Botschaft in den USA war, die kein ermordetes Baby zu Gesicht bekommen hatte.

Ich gebe mir also noch eine Frist, ehe ich aufstehe, und ziehe aus den verrutschenden Bücherstapeln auf meinem kleinen gläsernen Nachttisch dasjenige Buch heraus, das zu »den Ereignissen« – so nennt man sie inzwischen – der letzten Wochen am besten, was heißt: unheimlich genau zu passen scheint: »City of God« von E. L. Doctorow, welches man, wenn man wollte, als einen Beweis mehr dazu gebrauchen – mißbrauchen? – könnte, daß für sensible Einwohner von New York lange schon eine Vorahnung von Katastrophen in der Luft gelegen haben muß, die sie zu einer intensiven Suche nach einem Grund für ihre Angst und für ihre moralische Unruhe trieb. »Es bleibt vielleicht nicht mehr viel Zeit. Wenn die Demographen recht haben, werden um die Mitte des kommenden Jahrhunderts zehn Milliarden Menschen auf der Erde leben. Gigantische Megastädte überall auf dem Planeten, voller Menschen, die um dessen Ressourcen kämpfen. Unter solchen Umständen werden die Gebete der Menschen als Schreie zum Himmel schallen. Und unseren Hoffnungen auf ein Leben, wie es sein könnte, werden solche Schändungen, solche Schocks widerfahren, daß das zwanzigste Jahrhundert zum verlorenen Paradies werden wird.«

Jenes zwanzigste Jahrhundert, denke ich, das Historiker doch, nicht einmal zwei Jahre ist das her, mit dem Signum

»grauenvollstes Säculum der Menschheitsgeschichte« verabschiedet hatten; das mich nur einmal direkt in eine seiner Katastrophen hineingezogen, es mir sonst aber gestattet hatte, an einer seiner gefährlichsten Konfliktstellen zwar spannungsreich, äußerlich aber vergleichsweise unbehelligt zu leben. – Die Denkmaschine ist also wieder angesprungen. Ich stehe auf, ziehe den Vorhang zurück, ein trüber Tag, wie all die trüben Tage seit dem 11. September.

Gerd ist schon in der Küche, Kaffee oder Tee? fragt er. Tee. Im Bad drücke ich sofort auf den Knopf des kleinen schwarzen Radios. Nein. Es ist noch nicht Krieg. Der Kreuzzug hat noch nicht begonnen. Der Ring der Antiterrorkoalition um Afghanistan schließt sich. Auch die ehemaligen Sowjetrepubliken Turkmenistan, Aserbaidschan und Usbekistan gehören dazu. Der Westen, höre ich, sprich: die USA hätten seit längerem ein Interesse an ungestörtem Öltransport durch Afghanistan. Während ich dusche, mich anziehe – bequeme Sachen, vorläufig kann ich zu Hause bleiben –, höre ich, Hunderttausende von Flüchtlingen verlassen Afghanistan in Richtung Pakistan, oder sie ziehen sich aus den von Bombardements bedrohten Städten aufs Land zurück – in beiden Fällen haben sie keine Nahrungsmittel, die UNO warnt vor einer »humanitären Katastrophe« und fordert Millionen, um das Schlimmste zu verhindern, und ich, unverbesserlich, muß mir für den Bruchteil einer Sekunde vorstellen, die an dem künftigen, schon als unausweichlich akzeptierten Krieg beteiligten Länder, allen voran die USA, würden die Hälfte der Milliarden Dollar, die dieser Krieg verschlingen wird, nicht auf die Unterstützung ihrer Rüstungsindustrie durch die Erzeugung neuen Bedarfs verwenden, sondern diese Unsummen den vom Hungertod bedrohten Menschen für Nahrungsmittel, Medikamente, für den Aufbau ihres schon jetzt zerstörten Landes und für die Bestechung ihrer anscheinend käuflichen Stammesführer geben und so womöglich künftigen Terroristen Boden entziehen ... Unrealistisch? Um so schlimmer für die Realität. Rasend schnell, denke ich, gleitet die gute alte »Wirklichkeit« ins Absurde ab, die Grenzen des Erzählbaren scheinen immer mehr zu schrumpfen. Darüber wäre zu schreiben, denke ich. – Doch wozu?

Wortkarg sitzen wir am Frühstückstisch, Gerd hat seine geliebten Körner gemacht, Buchweizengrütze, die wir nebst ihrer authentischen Herstellungsart einst in Moskau kennengelernt haben, die wir uns manchmal von dort mitbrachten und jetzt in jedem Bioladen kaufen können. Wir reichen uns mit knappen Bemerkungen die Zeitungsblätter zu, Bin Laden, »der meistgesuchte Mann der Welt«, ist also angeblich untergetaucht, die Taliban behaupten, ihn nicht zu finden, die USA, heißt es, legen es im Bündnis mit der »Nordallianz« darauf an, die Taliban zu vernichten, die Afghanistan unter ihrer Knute halten – besonders die Frauen, die rechtlos und grotesken Bestrafungen ausgesetzt sind, wenn sie die Gesetze übertreten, welche angeblich aus dem Koran abgeleitet wurden. Ich überfliege die Nachrichten, einige davon noch vor wenigen Jahren unvorstellbar – Putins Auftritt vor dem Bundestag, die CDU in Hamburg, die vier Prozent bei den Wahlen verloren hat, sieht darin den klaren Wählerauftrag, die Regierung zu bilden, und zwar mit Herrn Schill, dessen rechte Partei aus dem Stand fast zwanzig Prozent erreichte, die USA verzichten auf den militärischen Beistand der NATO, die Deutschen übernehmen die Führung bei der neuen Mazedonien-Mission, Peres und Arafat beschließen neue Sicherheitskooperation, der DAX, der in den letzten Tagen in den Keller gerutscht war, hat sich etwas erholt: Dies, denke ich, ist die wichtigste Nachricht, die »Normalität«, die die Global

Players anstreben und die wohl auch wir, wenig DAX-interessiert, wünschen müssen, frage ich mich, denn nolens volens sitzen wir alle in dem Boot, dessen Kurs die Börse bestimmt. Fragezeichen. Obwohl auch die Rückkehr zum Business as usual, so sehr Tausende von Schicksalen daran geknüpft sein mögen, eher zu den virtuellen Phantomen gehört, von denen ich mich umgeben sehe, und nicht zur Wirklichkeit, denke ich.

Denn »wirklich«, wenn dieses Wort noch etwas bedeutet, ist der Riß im Gewebe der Zeit. Das weiß ich, obwohl ich es da noch nicht so ausdrücken konnte, seit jener Minute am Nachmittag des 11. September, als auf dem Fernsehschirm im Zimmer meines Lektors (wo wir an einem Text gearbeitet hatten, jäh unterbrochen durch Gerds Anruf: Schaltet den Fernseher an!) kurz nacheinander zwei Flugzeuge in die Zwillingstürme von New York rasten und, während mein Gehirn noch ungläubig nach Erklärungen suchte, mein Körper schon begriffen hatte und jenes unangenehm ziehende Gefühl erzeugte, das mir immer anzeigt, daß etwas Unwiderrufliches, zumeist Schreckliches passiert und daß ich die Umstände, unter denen ich diesen Augenblick erlebe, nie vergessen werde: Kriegsbeginn 1939. Flucht aus der Heimatstadt Januar 1945. Einmarsch der Warschauer-Pakt-Truppen in die Tschechoslowakei 1968. – Im Alter wäre ich gerne von Geschichte verschont geblieben. Wie gerne hätte ich meine Enkelkinder in ein friedlicheres Jahrhundert entlassen.

Ich erinnere mich, daß zwei Fragen kurz nacheinander in mir auftauchten, während ich, hypnotisiert von unglaubwürdigen Fernsehbildern, in dem fremden Zimmer stand: Fängt so der Dritte Weltkrieg an? Und: Ist das der Anfang vom Ende? Ich fing an, mich an diesen Fragen abzuarbeiten, während ich mein Manuskript zusammenpackte und dann lange auf das Taxi warten mußte, das ein ganz alltäglicher Stau aufgehalten hatte, während über das Autoradio die aufgeregten fassungslosen Stimmen der Reporter kamen und der Fahrer, ein bedächtiger Mann, zu meiner Erleichterung Erschrecken und Mitgefühl zeigte; seitdem haben diese Sätze mich begleitet, als Behauptungen, als Zweifelssätze, als Fragesätze, und sie haben wechselnde Antworten hervorgetrieben, von denen keine mir genügt. – Ich weiß noch, wie auf jener unwirklichen Taxifahrt die Gesichter meiner amerikanischen Bekannten und Freunde in mir auftauchten und wie ich gleichzeitig, da ich die ganze Zeit aus dem Autofenster blickte, die Häuser, Straßen und Plätze meiner Stadt mit anderen Augen sah: Als mögliche Ziele für blindwütige Zerstörung.

Es ist fast zehn Uhr, als ich die Zeitung weglege, die Küche aufräume, die Wäsche aus der Waschmaschine nehme und im Bad aufhänge, alle die Handgriffe, die das Gewebe des Alltags ausmachen und, in ihrer Summe, das Gewebe der Zeit; die mich jeden Tag aufs neue stören, da sie mich angeblich von der »eigentlichen« Arbeit abhalten, und die mich doch, je älter ich werde, jeden Tag aufs neue befriedigen: der kostbare Alltag. Nachdem ich die Betten gemacht habe, hocke ich mich auf den Bettrand und blättere in dem Doctorow, auf der Suche nach einem bestimmten Satz, der mir endlich auch ins Auge sticht: »Die wirkliche Konsistenz von gelebtem Leben«, lese ich, »kann kein Schriftsteller wiedergeben.« Direkt und lakonisch, wie man es sich nur wünschen kann. Dies werde ich mir jetzt also notieren, mit der gleichen grimmigen Genugtuung, mit der ein Patient sich die hoffnungslose Diagnose seines Arztes anhören würde. Als wüßte ich das nicht schon lange, sage ich mir, während mein Computer warm läuft. Wie lange? Nicht zu beantworten. Manche Einsichten erreichen dich, über Zeiträume verteilt, in homöopathischen

Dosen, denke ich, ein schlaues Manöver des psychischen Abwehrsystems, um die Arbeitsfähigkeit nicht mit einem Schlag zu vernichten.

Doch als ich an jenem 11. September nach Hause kam, Gerd vor dem Fernseher fand, die Zwillingstürme wieder und wieder einstürzend, wußte ich, dies würde meine Arbeitsfähigkeit für unbestimmte Zeit zum Erliegen bringen. Ich setzte mich auf den Drehstuhl an meinem Schreibtisch, blickte mich sehr langsam in meinem Zimmer um, das mit all seinen Büchern, Möbeln, Bildern und Apparaten Beständigkeit vortäuschte, aber was galt noch?, und mein Blick fiel auf eine Postkarte, ein Schwarzweißfoto, das steht jetzt vor mir auf dem Manuskriptständer. Es zeigt Brecht in New York, auf einer Terrasse sitzend, Zigarre rauchend, nach oben blickend, hinter ihm ragen die Türme von New York auf – jene vergleichsweise bescheidenen Türme, die es 1946, als Ruth Berlau dieses Foto machte, schon gab: Das Empire State Building zum Beispiel. Ich weiß noch, daß ich dachte: Hätten sie es damit nicht genug sein lassen können? Hätten sie nicht an das Gleichnis vom Turm zu Babel denken können? An den Zorn des biblischen Gottes angesichts unserer Hybris? Oder an Brechts frühe Zeilen: »Wir sind gesessen, ein leichtes Geschlechte / In Häusern, die für unzerstörbare galten / (So haben wir gebaut die langen Gehäuse des Eilands Manhattan / Und die dünnen Antennen, die das Atlantische Meer unterhalten). / Von diesen Städten wird bleiben: der durch sie hindurchging, der Wind!«

Brecht und viele andere deutsche Emigranten, denke ich – vor Jahren habe ich noch einige wenige alte jüdische Frauen in ihren New Yorker Wohnungen besuchen können –, sie alle hätten nicht überlebt, wenn es New York nicht gegeben hätte, die Stadt der Flüchtlinge, die auch diese Deutschen aufnahm und sie vor ihren mörderischen Landsleuten rettete, welche sich gerade eines beispiellosen Rückfalls in die Barbarei befleißigten.

Das Telefon. C., die Sekretärin unseres Vereins für das ehemalige Jüdische Waisenhaus, wie wir ihn verkürzt nennen: Die Ausstellung »Jüdisches Leben in Pankow«, die im Foyer des Krankenhauses »Maria Heimsuchung« hängt, sei teilweise mit Naziparolen und Hakenkreuzen besprüht worden. Die Kriminalpolizei sei schon da ... Also auch hier. Das Krankenhaus liegt, Luftlinie gerechnet, keine hundert Meter von uns entfernt. Es ist eine Pest. Ein Bazillus, der sich in unsere schöne heile reiche Welt eingefressen hat und sie von innen her verseucht. Und auch hier, denke ich, wird viel zu selten und dann nur von Experten gefragt: Warum?

Warum ist es mir, genau sechzehn Tage ist es her, so vorgekommen, jene beiden Türme stürzten direkt in das leere Zentrum unserer Zivilisation, der dieser Angriff angeblich gegolten hat? Alle scheinen zu wissen, was unsere Zivilisation ist. Ich greife zu Wörterbüchern. »Bürgerlich« also nennt man seit dem 16. Jahrhundert auch »zivil«. Sieh an, das Wort »Zivilist« hat Goethe geschaffen. Und »Zivilisation« bringt man mit »Sittenverfeinerung«, »Gesittung« in Zusammenhang: »Die auf die Barbarei folgende Stufe der Entwicklung der menschlichen Gesellschaft«. Griechische Philosophie also, die monotheistischen Religionen, der Vernunftglaube der Aufklärung ... Und wenn sie alle unter dem »Terror der Ökonomie« ihre Wirkungskraft im Abendland verloren hätten und nur noch als Schimären in uns weiterlebten? Und haben nicht immer mehr Menschen gespürt, daß diese unsere Zivilisation ausgehöhlt ist? Haben sie nicht immer stärker das Bedürfnis gehabt, darüber miteinander zu reden? Kam nicht immer häufiger der Satz: So kann es nicht weitergehen? Und konnten nicht die

Film- und Fernsehproduzenten am meisten Geld verdienen mit Filmen, in denen irdische und außerirdische Monster diese angeblich so hoch geschätzte Zivilisation in – bis dahin – unvorstellbare Katastrophen trieben?

Aufhören, aufhören! befehle ich mir. Mich dem Alltagskram zuwenden. Will der Verlag die Entwürfe für den neuen Buchumschlag sehen? Er will. Ein paar Sätze am Telefon hin und her – ja, sie beurteilen »die Lage« wohl ähnlich. Nein, die richtige Fröhlichkeit kommt auch bei ihnen nicht auf. Ich mache also den Brief nach München fertig mit den drei Varianten des Umschlags für das neue Buch.

Und da ich nun einmal bei der Post bin, schreibe ich gleich noch den Brief an Professor F., den ich lange vor mir hergeschoben habe und in dem ich ihm die näheren Umstände des Todes von Adolf Dresen schildere, da er ja auch dessen Arzt eine Zeitlang gewesen ist. Zu viele Freunde sterben in diesem Jahr, als entziehe eine unbekannte negative Kraft immer mehr Menschen jenen kleinen Überschuß an Energie, den man nötig hat, um sich am Leben zu halten. Und gerade ihn, Dresen, hätten wir jetzt gebraucht, am meisten seine Fähigkeit zur gnadenlosen Analyse. Er hätte kein Pardon gegeben. Er hätte genau begründet, warum er auch gegen diesen Krieg gewesen wäre.

Ein erfreulicher Brief ist zu beantworten. Eine Deutsch-Professorin aus Nürnberg bittet um einen Beitrag für eine Anthologie, in der sie Äußerungen unterschiedlicher Menschen zu einer Zeile aus Pablo Nerudas »Buch der Fragen« versammeln will: »Wer schrie vor Freude, als das Blau geboren wurde?« – Ich freue mich darauf, diesen Text zu schreiben, und ich weiß schon, wie er enden soll: Niemand anders als ein Außerirdischer muß es gewesen sein, der vor Freude schrie, als er zusah, wie die Erde, der blaue Planet, geboren wurde.

Weiter. Geschäftliches aufarbeiten. Mit Maria Sommer über die Bedingungen, unter denen sie für mich einen Vertrag mit einem Theater aushandeln will. Wie immer sind ihre Vorstellungen klar, bestimmt und durchdacht, ich muß nur zustimmen, kann mich zurücklehnen und mich auf sie verlassen. Trotzdem: Immer mehr Zeit und Aufmerksamkeit muß ich auf die Weiterverwertung früherer Arbeiten richten und auf Anfragen jüngerer Leute, die nichts mehr von den Personen wissen, die wir gekannt haben, fast nichts von den Hintergründen der Ereignisse, an denen wir beteiligt waren. Oft kommt mir die Geschichte wie ein Trichter vor, in den unsere Leben hineinstrudeln, auf Nimmerwiedersehen. Dinosauriergefühl.

Ein Trompetensignal zwingt mich, aus dem Fenster zu sehen. Auf dem Nachbargrundstück soll nun doch ein Haus mit Eigentumswohnungen gebaut werden, der Boden wird dafür gerodet. Eine Megaphonstimme fordert die Anwohner auf, in ihren Häusern zu bleiben und die Fenster zu öffnen. Es werde eine Sprengung geben. Unser Hausmeister, der sich im Garten zu schaffen macht, ruft zu uns hoch, man habe Munition aus dem Zweiten Weltkrieg gefunden. Gerd sagt, darauf habe er schon gewartet. Das Grundstück habe doch seit 1945 wild dagelegen, ein unersetzliches Biotop, da *mußte* doch Sprengstoff liegengeblieben sein. Wir öffnen also die Fenster, die Trompete des Sprengmeisters ertönt dreimal, ich setze mich vorsichtshalber auf den Stuhl im Flur, es gibt einen moderaten Knall, dann wieder die Trompete: Entwarnung. Ein paar Arbeiter gehen zu einem kleinen Krater. Ich kann ein verqueres Überlegenheitsgefühl nicht ganz unterdrücken: Da hat unsereins schließlich ganz andere Krater gesehen. Die Szene kann ich mir mühelos heraufrufen: April 1945. Unser Treck auf einer Landstraße in Mecklenburg. Die Flugzeuge, sehr tief. Das amerikanische Hoheitszeichen. Das Gesicht des Piloten als weißer Fleck in der Kanzel, die versprengten Bomben im Feld. Das gezielte Maschinengewehrfeuer. Und der Landarbeiter, der dann an meiner Stelle tot im Straßengraben liegt. Nein. Wer es erlebt hat, kann nicht für den Bombenkrieg sprechen. Kann von den »Kollateralschäden«, die ihn begleiten, nicht absehen. Von der Überzeugung, daß der Zweck nicht alle Mittel heiligt. Und von der Einsicht, daß die Bomben auch die Widersprüche im eigenen Land zudecken und zudecken sollen. Jedenfalls, als erstes, den Widerspruch. Schon hört man von der Disziplinierung von Lehrerinnen, die sich nicht an die Sprachregelung gehalten haben. So schnell? denke ich. Angst, daß unter all den Beliebigkeiten, mit denen die Spaßgesellschaft uns abgelenkt hat, nun doch die wirklichen Probleme auftauchen könnten, denen die etablierten Institutionen nicht gewachsen sind?

Ich zwinge mich, auch an diesem Tag wenigstens ein paar Zeilen an dem Text zu schreiben, der eigentlich das Zentrum eines jeden Tages sein sollte. Die wirkliche Konsistenz von gelebtem Leben kann kein Schriftsteller wiedergeben, Mr. Doctorow? Nun denn, dagegengehalten: In dieser Warenwelt, die alles unter sich begräbt, hat Schreiben nur noch Sinn als Selbstversuch, einschneidend, sezierend, die feinsten Verästelungen der Person herauspräparierend und bloßlegend. Ein altmodisches Konzept, und eine Erklärung dafür, daß dieses langwierige Schreibwerk schier unüberwindliche Hindernisse um sich aufbaut. Heute aber geht es um eine von den leichteren Übungen: Eine Szene bei Woolworth in der Second Street von Santa Monica, wo ich eine Lampe kaufe in einem langen Karton, die ich in meinem Apartment an meinen Eßtisch schrauben werde, um dort Arbeitslicht zu haben. Ich schildere also, wie mich in der Schlange vor der Kasse ein jüngerer schwarzer Mann anspricht, dessen Slang ich schwer verstehe, der mir ein Päckchen mit Süßigkeiten in die Hand drückt, die ich für ihn bezahlen soll, er gibt mir eine Dollarnote, die ich zuerst nicht annehmen will, worauf er aber besteht; er müsse nur mal schnell zur Toilette, verläßt mit langen Schritten das Geschäft, wie immer dauert der Akt des Bezahlens und Einpackens bei der ungeschulten Verkäuferin endlos lange, dann stehe ich da, warte, der Mann kommt nicht, hat er mich an der Nase herumgeführt, auf einmal steht er hinter mir, here you are!, erleichtert halte ich ihm sein Päckchen und das Wechselgeld hin, der vorher ruppige junge Mann ist wie verwandelt, lächelt, strahlt, thank you very much, madam!, herzlicher Abschied, anscheinend war das ein Test, anscheinend habe ich ihn bestanden, schreibe ich.

Ein Rundfunkkommentator im Küchenradio hält den Satz des amerikanischen Präsidenten: »Wer nicht für uns ist, ist für unsere Feinde«, in diesen Zeiten leider, leider für angebracht. Vielleicht weiß er nicht, daß das einmal unterdrückte kritische Denken, wenn »diese Zeiten« wieder vorbei sein sollten, nicht so einfach wieder anzuknipsen ist. – C. kommt und zeigt mir Briefe, in denen sie und ihre Verwandten und Bekannten Mitglieder der Bundesregierung beschwören, auf keinen Fall ein Bundeswehrkontingent in den Afghanistan-Krieg zu schicken. Mehr können wir nicht tun, sagt sie.

In der Post die übliche Menge von Einladungen zu Ausstellungen und anderen Events, die in ihrer Fülle eher bewirken, daß ich zu Hause bleibe. Ein Brief von UNICEF: Man solle doch die monatliche Spende ein wenig aufrunden und auf Euro umstellen.

Unsere Freundin E. schickt uns eine Seite aus dem »Tagesspiegel« von gestern. Sie ist überschrieben: »Das feige Denken« und bringt als Mittelleiste, steckbriefähnlich neben- und untereinandergereiht, Fotos von Intellektuellen, die dieses »feigen Denkens« bezichtigt werden. »Künstler und Intellektuelle flüchten sich in antiamerikanische Ressentiments.« Gute Namen werden da mit aus dem Zusammenhang gerissenen Sätzen zitiert. Fehlt nur, daß ihre Adressen und Telefonnummern angegeben werden, damit der Volkszorn sie erreichen kann. – Wir sehen uns an. No comment.

Ich mache das Dressing für den Salat, Gerd kocht ein Gericht nach einem Fernsehrezept, Pasta mit Spinat vermischt, eine Sahne-Käse-Lachssauce dazu. Beim Essen erörtern wir die Chancen der verschiedenen Parteien und Kandidaten für die Berliner Wahlen im Oktober. Schon jetzt sagen die Umfragen ein grundsätzlich unterschiedliches Wählerverhalten in Ost- und Westberlin voraus: Im Osten die PDS mit 36 % voraussichtlich stärkste Partei, im Westen die CDU in gleicher Höhe – eine wiederum geteilte Stadt. Wer das vor elf Jahren vorausgesagt hätte . . . Aber auch hier: Die Gründe dafür werden kaum untersucht, meistens wird den undankbaren Ost-Wählern unbegreifliche Nostalgie unterstellt. Doch sei zu beobachten, daß unter dem Eindruck »der Ereignisse vom 11. September« Ost- und Westdeutsche »enger zusammenrückten«. Also der Affekt gegen den gemeinsamen Feind soll die Probleme der deutschen Vereinigung lösen helfen? Unwahrscheinlich.

Müde. Hingelegt. Nehme noch einmal den Doctorow zur Hand. Er läßt mich nicht im Stich. Er läßt Sarah Gruen, die New Yorker Reformrabbinerin, zu ihrer kleinen Gemeinde an der Upper West Side sagen – mit der sie die »von Menschen geschriebene Bibel« erforscht, also auch die Übergabe der Gesetzestafeln an Moses: »Was ich hier wahrnehme, was sich mir hier aufdrängt, ist der Eindruck, daß die Verfasser wußten, wie ethisch unauslotbar das menschliche Leben ist. . . . Die biblischen Köpfe, welche die Zehn Gebote geschaffen haben, die ihrerseits der Zivilisation eine Struktur verliehen haben . . . schufen die Möglichkeit zu einem ethisch geformten Leben.« Der Zivilisation eine Struktur verleihen . . . Der Satz hat etwas Tröstliches, finde ich, ehe ich einschlafe. Ich bin dann wieder einmal in einer Art Labyrinth ineinander übergehender leerer Räume, halb unterirdisch, glaube ich, Frauen kommen und gehen, die ich nicht kenne, aber ich weiß, eine Katastrophe steht bevor und muß verhindert werden. Wir instruieren uns gegenseitig, wie das zu geschehen hat. Jedenfalls muß eine eher primitive Vorrichtung, die fast unsichtbar in eine der glatten Wände eingelassen ist, unbedingt ständig überwacht werden, am besten durch mich. Als ich einmal rausgehe, gebe ich die Instruktion an eine jüngere Frau weiter: Wenn die Katastrophe einzutreten droht, muß man mit dem Fingernagel an einem kleinen Rädchen drehen, das übrigens exakt der Stellvorrichtung an meinem Wecker gleicht. Ich gehe also hinaus und erfahre beinahe sofort: »Die Katastrophe« naht. Ich renne in den Raum zurück. Da sitzt die junge Frau vor dem Rädchen, unglücklich, und hält einen Finger hoch: Ihr Fingernagel ist abgebrochen. Sie hat das Rad nicht weiterdrehen können. Jetzt ist es zu spät.

Na, sagt Gerd, ganz schön eingebildet, meine Liebe. Wir decken in der Veranda den Kaffeetisch, B.s kommen, aus Halberstadt. Draußen ist es noch düsterer geworden, Regen hat eingesetzt. Helmut will mit uns über ein Problem reden, das ihm zu schaffen macht. Es sind Anschuldigungen gegen seinen alten Lehrer Hans Stubbe aufgetaucht, den bekannten Genetiker, der nach dem Krieg in Gatersleben, Sachsen-Anhalt, ein Institut für Kulturpflanzenforschung aufgebaut hat, das wir gut kannten, wo wir auch Professor Stubbe trafen, der große Verdienste hatte um die Genetik in der DDR, er zeigte Zivilcourage und konnte die Lyssenkoschen Pseudo-theorien von der Vererbung erworbener Eigenschaften abwehren, ich habe damals ein längeres Porträt über ihn geschrieben. Nun wird ihm plötzlich postum aus westlichen Quellen vorgeworfen, er sei während des Krieges beteiligt gewesen am Raub von Saatgut aus der UdSSR. Helmut ist soweit wie möglich in das Material eingedrungen und hält diesen Vorwurf für unhaltbar. Soll er sich nun bei der Feier zu Stubbes hundertstem Geburtstag nächstes Jahr überhaupt damit auseinandersetzen? Oder soll er nicht besser – ausgehend von Stubbes wissenschaftlicher Leistung und seinem Standpunkt zu dem Problem »Freiheit und Verantwortung des Wissenschaftlers« – die Frage nach dem Recht, vielleicht sogar der Pflicht des Genetikers stellen, aufgrund der neuen Forschungsergebnisse in Lebensprozesse einzugreifen, die noch vor kurzem tabu waren? – Ich kann aus Mangel an Sachkenntnis keinen nützlichen Rat geben, neige aber zu der zweiten Version. Wir verabreden, daß wir zu dem Colloquium zu Stubbes Ehren mal wieder nach Gatersleben kommen werden, daß ich nach vielen Jahren, nach Jahrzehnten, rechnen wir aus, einmal wieder dort lesen soll. Wir erinnern uns an unsere lebhaften, kritischen Diskussionen über Genetik und Politik damals, in einem anderen Leben.

Als Kuriosum hat Helmut die Ablichtung einiger Seiten aus einem neuen Essay von Peter Hacks über die Romantik mitgebracht, in dem dieser über die »Konterrevolution« in der DDR im Herbst 1989 behauptet, sie sei »von mindestens zwei sowjetischen Geheimdiensten, auch wohl von denen unterstellten Kräften im Staatssicherheitsdienst der DDR ins Werk gesetzt. Nach außen hin einberufen wurde sie von Künstlern . . . Kein Arbeiter, kein Bauer und kein Wirtschaftsleiter« habe sich »an der Abschaffung des SED-Staates beteiligt«. Die

Schriftsteller ihrerseits, unter anderem auch ich durch »Kein Ort. Nirgends«, bereiteten diese Konterrevolution durch hemmungslose Propagierung der deutschen Romantik vor, und wir wollten sie eigentlich schon 1976, durch unseren Protest gegen die Ausbürgerung Biermanns, auslösen, lese ich. Aber »die Regierung der DDR wünschte damals noch nicht zurückzutreten und stellte die Sache ab« – Hut ab. Darauf muß man erst mal kommen.

Abfahrt zur Literaturwerkstatt am Majakowskiring, zum Gesprächskreis. Inzwischen regnet es richtig. Die zwei Lampen links und rechts vom Eingang brennen. Ich betrachte das Haus nicht ohne Wehmut: Wir tagen hier heute zum letzten Mal. Im Dezember muß die Literaturwerkstatt ausziehen, wir mit ihr – das Haus hatte vor 1933 jüdische Besitzer, jetzt verwaltet es die Jewish Claims Conference, die es verkaufen will, für einen Preis, den der Senat von Berlin nicht zahlen kann. Seit fast zehn Jahren waren wir einmal im Monat hier, die meisten Leute, die nach und nach hereinströmen, kenne ich, und sie kennen sich untereinander, die Atmosphäre ist vertraut, in Grüppchen setzt man sich auf seine Stammplätze, der Andrang ist größer als sonst, anscheinend ist das Bedürfnis groß, miteinander zu reden – noch dazu, wo das Thema, das schon vor drei Monaten festgelegt wurde, beinahe übertrieben brisant ist: »Rom und Amerika – einzige Weltmächte ihrer Zeit«.

Peter Bender als Referent skizziert, wie diese beiden durch zwei Jahrtausende voneinander getrennten Mächte – durch Halbinsel- bzw. Insellage begünstigt – in einem lange währenden Gefühl der eigenen Unverwundbarkeit einem Isolationismus anhingen, dann durch Kriege gezwungen wurden, sich in das Weltgeschehen einzumischen, ihre Macht immer weiter auszudehnen und schließlich die jeweils einzige Großmacht ihrer Zeit zu werden, bis eine von ihnen, Rom, an ihrer Übermacht und inneren Ohnmacht zugrunde geht. Neben vielen anderen Unvergleichlichkeiten zwischen dem Römischen Imperium und dem Informal Empire of America sind es die zu höchster Vollkommenheit entwickelten Waffen, mit denen Amerika sich unverwundbar zu machen sucht und die, jedenfalls in diesem Fall, durch neunzehn selbstmordbereite Männer mit Teppichmessern ausgeschaltet wurden. Noch nie sei eine Zivilisation so verwundbar gewesen wie die unsere. Zweihundert Jahre insularer Sicherheit seien für die USA in wenigen Stunden zu Ende gegangen, und wie sie diesen Schock verarbeiteten, sei für uns alle von existentieller Bedeutung.

Die Diskussion, lebhaft wie immer, noch ernsthafter als sonst, hakt sich zuerst an der Frage fest, ob denn wirklich, wie behauptet, nach dem 11. September nichts mehr so sei wie davor. Die Auseinandersetzung mit dieser neuen Herausforderung gehe doch nach dem alten Muster vor sich, Gewalt gegen Gewalt, unser Verhalten sei doch schnell wieder in die alten Geleise gesprungen. Aber was gebe es denn für eine Alternative, wird dagegen gefragt, verstünden Terroristen denn eine andere Sprache? Auf diese Frage habe ich gewartet. Zu gut kenne ich das Gefühl, zwischen falschen Alternativen mit dem Rücken an der Wand zu stehen und mich nur noch für Falsches entscheiden zu können, zu genau weiß ich: Dies ist ein sicheres Symptom dafür, daß eine Gesellschaft sich in einer grundlegenden Krise befindet, sage ich, und daß es lebenswichtig wäre, dieses Signal nicht wieder zu übersehen und zu überfahren. Doch wo gibt es die gesellschaftlichen Kräfte, die das politische und das wirtschaftliche Establishment zwingen könnten, die blinden Flecken wahrzunehmen, die, von ihrer Arroganz, ihrer Selbstgewißheit und natürlich ihrem falsch verstandenen Interesse erzeugt, sie daran hinderten, die Realität zu sehen und zu erkennen, daß wir alle, die wir von der gegenwärtigen ungerechten Weltordnung profitieren, auf Dauer nur überleben können, wenn wir uns auch um das Wohlergehen der Menschen sorgen, die jetzt unter dieser »Ordnung« leiden.

Während die Redner wechseln, die Argumente hin- und hergehen, frage ich mich, ob ein Außenstehender heute noch – wie vor wenigen Jahren – erkennen würde, wer hier aus dem Osten, wer aus dem Westen kommt; erinnere mich, wie unsere Themen wechselten, zuerst die Problematik der Wende, dann die Strukturen der westdeutschen Institutionen, und immer öfter uns alle betreffende Probleme. Eigentlich, denke ich, hat dieser Kreis seinen Zweck erfüllt, aber mein Vorschlag, ihn mit dem Auszug aus seinem langjährigen Domizil zu beenden, kommt zu keinem günstigen Zeitpunkt und stößt sofort auf Widerspruch: Man wolle weder die Nähe untereinander noch die Offenheit in der Diskussion, die man sonst nirgendwo fände, in Zukunft missen. Das nächste Mal werden wir darüber entscheiden.

In den Spätnachrichten erfahre ich, das erste Sicherheitspaket des Innenministers ist vom Bundesrat angenommen worden.

In jener Wachmüdigkeit, die das Einschlafen schwer macht, lese ich im Bett noch im Doctorow, meinem treulichen Begleiter durch diesen Tag. Ich stoße auf eine überraschende Stelle, die allerdings nicht von ihm selbst, sondern von Ludwig Wittgenstein ist und jedem Hang zu europäischer Überheblichkeit, sollte er sich irgendwo noch gehalten haben, den Garaus macht: »Postum möchte ich sagen, daß Europa die Schwäre der Welt ist, daß ihr in Amerika, die ihr das Beste, was Europa zu bieten hat, genommen habt und hofftet, dem Schlimmsten zu entgehen, im Dunkeln pfeift. All euer gottgesättigtes Denken bildet die religiösen Figuren nach, die europäische Kleriker aus der Wahnwelt des Vorderen Orients und der Antike geformt haben, all eure sozialen Reibungen sind das Erbe der kolonialistischen, versklavenden Wirtschaftssysteme europäischer Geschäftsleute, all eure metaphysischen Probleme haben europäische Intellektuelle für euch ausgeheckt, und nun seid ihr über den Ozean gekommen und in zwei Weltkriege geraten, die europäische Politiker entfacht haben, wodurch ihr in eurer Republik eben jene militaristische Staatsgesinnung etabliert habt, die unsere Städte seit Hadrians Zeiten zum Lodern bringt.«

Wie sagte doch Ingeborg Bachmann, eine Schülerin Wittgensteins? »Die auf Widerruf gestundete Zeit / wird sichtbar am Horizont. / ... Es kommen härtere Tage.«

Freitag, 27. September 2002
Berlin – Woserin

Der Tag scheint grau zu werden, trotz freundlicherer Progno-
sen. Vor dem Aufstehen noch ein paar Blicke in die Grass-Bio-
graphie von Michael Jürgs. In dem Kapitel geht es um die pri-
vaten Querelen nach der Trennung von seiner ersten Frau,
nach dem Scheitern der Beziehung zu einer Frau Schröter,
die Zeit der Annäherung an Ute und eben auch an Ingrid
Krüger, die dann Nele zur Welt brachte. Alles natürlich unter-
haltend für den Außenstehenden – wir hatten ja lange gedacht, Nele sei von Wolf Biermann –, aber es kann doch nicht
anders als verletzend für Ute und wahrscheinlich auch für
Ingrid Krüger sein. In diesem besonderen Fall will der Bio-
graph, glaube ich, sich mit seinem Insider-Wissen hervordrän-
gen und nimmt dafür in Kauf, daß der Text an Seriosität verliert.
    Nach den üblichen Morgenritualen die Zeitung. Fünf Tage
nach der Wahl mit dieser Wahlnacht, die erst gegen Morgen
die Entscheidung für Rot-Grün brachte. Schlagzeilen: SPD
will Ärztekartell brechen. – Clark: US-Druck auf die UNO
richtig (Die Frage, ob die USA um jeden Preis einen Krieg
im Irak anfangen werden, und die Weigerung Schröders, daran teilzunehmen, haben mit wahlentscheidend gewirkt.) – Irak-
El-Kaida: Mangel an Beweisen. – In USA: Wahlkampf mit
Saddam. – Westerwelle bricht mit Möllemann. – Acht Tote
bei neuer Gewalt im Nahen Osten. – Ströbele hat ein Di-
rekt-Mandat gewonnen – die zwei SPD-Mitglieder, die ihm

dabei geholfen haben, sollen dafür aus der Partei ausgeschlossen werden. – Wenn Börsen sterben – der Neue Markt soll geschlossen werden. – Die PDS zieht aus dem Bundestag aus. »Nur wer sich aufgibt, ist verloren.« – Anklage Völkermord im Milošević-Prozeß in Den Haag. – Israelischer Raketenangriff gegen Hamas. – Staatsanwaltschaft klagt Max Strauß an – wegen Steuerhinterziehung. – Im Feuilleton: Sehnsucht nach nationalem Kitsch. – Das angespannte Verhältnis von Literatur und Politik im neuen Rußland. – Sternentstehung unter Schock: Zwei konkurrierende Theorien wollen die Bildung der selbstleuchtenden Himmelskörper erklären. – Im Berlin-Blatt: Fahrradfahrer verletzte Frauen im Vorbeifahren. – Deutsch aus dem Koffer: Bildungssenator Böger bereitet Reformen für Kitas und Schulen vor. – Polizei befreite Geiseln – und verlor das Lösegeld. – Am Sonntag werden 48 000 Läufer zum Marathon erwartet. – Der öffentliche Dienst macht vielleicht bald früher Feierabend. – Von Motten befallenes Laub von Kastanien wird kompostiert. – Literaturnacht im Stadtbad, wo auch Jana aus ihrem Buch lesen wird. Und so weiter, und so weiter. – Auf der Wirtschaftsseite werden unter der Überschrift »Hochstapler, Lebemänner und Schurken« vier Köpfe von Managern abgebildet, die »für den Niedergang am Neuen Markt« stehen. – Natürlich stehen hier die eigentlich wichtigen Nachrichten, die das Handeln der Politiker, die auf den ersten Seiten vorkommen, weitgehend steuern.

Während ich die Waschmaschine bediene, aufräume, abwasche, höre ich aus dem Radio, die Öko-Steuer bzw. ihre Fortsetzung sei ein Streitpunkt bei den Koalitionsverhandlungen zwischen Rot-Grün. Eine Gesprächsrunde unterhält sich darüber, wie, nach den verheerenden Ergebnissen der Pisa-Studie über den Wissensstand der deutschen Schüler, der Nachhilfeunterricht organisiert werden soll. – Ich schicke ein Fax zu Tubachs nach Orinda, die uns treffen wollen, wenn sie im November in Deutschland sind.

Eineinhalb Stunden bleiben mir für den Text über den Tag des Jahres 1965, den ich nachtragen muß aus dem Tagebuch von damals: Das 11. Plenum und meine Reaktion darauf etwas später. Die Emotionen von damals sind vollständig erloschen, ich wundere mich, wie radikal meine Einsichten doch schon waren; sicher wird man fragen, wieso ich dann in der DDR geblieben bin, wenn ich so scharf und klar sah. Außer meiner Schwierigkeit, Orte zu wechseln – wogegen mein Leben mit vielen Umzügen zu sprechen scheint –, war es eben einfach die Einsicht – oder Ansicht –: Drüben ist keine Alternative. »Kein Ort. Nirgends« – das war schon mein Grundgefühl von da an. Sehe ich das heute anders? Habe ich die Bundesrepublik damals zu kritisch gesehen? Ich glaube eigentlich nicht. Zwar heißt es heute, der durch den Sozialstaat gezähmte Kapitalismus sei ein anderer gewesen als der heutige Raubtierkapitalismus, aber er hat sich in seinem *Wesen* doch nicht geändert; nur daß er dieses Wesen jetzt ungebremst und unverhüllt zeigen kann.

Mit Gerd spreche ich über einen möglichen Titel für die Tage der Jahre. Ich schlage vor: »Zeitachsen«, Gerd meint, darunter müßte stehen: Ein Tag im Jahr, und auf dem Umschlag müßten die vierzig Jahreszahlen mitlaufen. – Ich hege im stillen weiter Zweifel daran, ob ich dieses Buch herausgeben soll, ich sehe schon die abschätzige und empörte Kritik, aber nun mache ich das Manuskript erst mal druckfertig, bis zum Frühjahr, dann sehen wir weiter.

Schnelles Essen: Pasta, Schinken, Olivenöl, Käse, Salat.

Hingelegt, ein kleines Stück im »Freitag« gelesen, wenig geschlafen. Gerd steht früher auf und holt Anton und Ella Jewtuschenko ab. Ich sehe inzwischen die Post durch, wie immer fast nur Einladungen zu Ausstellungen und anderen Events, der Vertrag für die Lesung vorgestern im Kulturhaus Oberschöneweide ist dabei (ich hatte »Wüstenfahrt« gelesen, und anschließend war in der Diskussion wieder fast nur über die Zeit um 1989 gesprochen worden, auch über den Aufruf »Für unser Land«, Frau Herzberg hatte einleitend auch über meine sogenannte IM-Tätigkeit gesprochen, ich hatte das Gefühl, die Leute waren damals stehengeblieben und suchten immer noch Trost und Bestätigung), die Frau von der Bundeszentrale für politische Bildung, die mir den Vertrag schickte – eine Westfrau natürlich –, schrieb dazu, sie hätte auch nicht gewußt, wie sie sich in der DDR verhalten hätte (das ist auch die Art Beschwichtigung, die ich nicht leiden kann, aber gut gemeint). – Eine Frau Pötter aus Wismar schreibt mir, in Wismar lebt ein Frl. Zerndt, jetzt fast hundertjährig, die in Landsberg Englisch- und Erdkundelehrerin an der Oberschule war, in die ich auch ging, und die von Frau Dr. Paucksch manchmal gefragt wurde, ob sie »der Christa« im Aufsatz schon wieder eine Eins geben solle ... Ich erinnere mich dunkel, ein etwas ältliches Fräulein taucht vor mir auf, wir hatten wohl mal Erdkunde bei ihr. Ich soll ihr einen Gruß schicken, aber sie ist fast blind, ein Buch wäre wohl nicht das Richtige. Es ist fast unheimlich, mir vorzustellen, daß diese damals (für mich) schon ältliche Frau noch lebt.

14 Uhr 35, Abfahrt nach Woserin, zu dem Fest von Tinka und Martin, dessen Anlaß ihr gemeinsamer hundertster Geburtstag ist: Sie sechsundvierzig, er vierundfünfzig. Viel Verkehr, Freitag nachmittag, man fährt schon aus der Stadt auf die Datschen oder weiter weg, Lastwagen sind auch noch reichlich unterwegs. Manchmal langsamer Verkehr, aber kein Stau. Ella, die hinter mir sitzt, sagt, in der Ukraine gebe es nicht so große freie Flächen, wie sie hier vom Auto aus zu sehen

sind: Jedes kleinste Stückchen Land sei dort verpachtet und als Garten genutzt, weil die Leute sich angesichts der schlechten Versorgungslage und des Mangels an Geld soweit wie möglich selbst versorgen müßten. Sie fahren mit Bussen in die Umgebung der Städte und bebauen an den Wochenenden ihre Gärten, Ellas Familie ist vollkommen zerrissen. Sie ist Jüdin, lebt (seit sieben Jahren?) in Berlin, war zuerst in Tinkas OWEN, hat jetzt eine eigene Agentur (oder so ähnlich) aufgemacht: Beratung von Immigrantinnen, Nachhilfeunterricht usw. Ihre Tochter lebt in Toronto, Kanada. Ihr Enkelsohn fand sich da nicht zurecht, kam zu ihr, lebte dann ein Jahr beim Vater in Charkow und ist jetzt nach Toronto zurückgegangen, paßt sich besser an. Ella ist ursprünglich Physiklehrerin gewesen.

Manchmal schlafe ich ein bißchen im Auto. Anton hat die ganze Zeit seine Kopfhörer auf und ist unansprechbar. Ich bin immer wieder überrascht, wie ähnlich er Helene jetzt sieht, wenn er seine Haare hinten zusammengebunden hat. Er ist vor zwei Tagen achtzehn geworden – also in jedem Sinne mündig. Schwer vorstellbar. Das Wetter ist zuerst bedeckt, nach Wittstock, dem Norden zu, reißt der Himmel auf: »Schönes Wetter in Mecklenburg!« Wir machen Rast in der letzten Raststätte vor der Abfahrt Hamburg, sehr enttäuschend, schlechter trockener Kuchen, dünner Kaffee.

In Woserin sind wir die ersten von den hundert Gästen, die erwartet werden. Das Vorauskommando, bestehend aus Tinka, Martin, Helene, Timo, Olaf, hat die untere Etage in einen durchgehenden Eß- und Begegnungsraum umgewandelt, mit Tischen und Plastikstühlen, die Timo in einem Kleinlaster von seinem Vater, dem Verwaltungsdirektor eines Krankenhauses, geliefert bekam. In mein Zimmer wurde Gerds Bett hineingestellt, sonst blieb es unverändert und ein guter Rückzugsort. Die Stimmung bei den Veranstaltern ist gut. »Kein Streß!« heißt die Losung. Tinka nach Haarwäsche mit blondem Wuschelkopf, Helene ist die Managerin des Festes und »hat alles im Griff«, Timo gibt bedingungslos Unterstützung – die beiden wirken, als seien sie schon lange zusammen. Martin gehört da hin. – Timo erzählt von seinem Job als Kellner im »Adlon«: Wie er in einen Frack gesteckt wurde und gleich bei einem großen Dinner mit bedienen mußte, mit ganz wenigen Anweisungen versehen. Wie schwer die Teller auf den Armen sind, wenn noch die Haube darüber ist. Daß man am nächsten Tag Muskelkater davon hat. Wie ein anderer, der drei, vier Tage nach ihm anfing, gleich bei seinem ersten Einsatz der Gästin den ganzen Teller aufs Kostüm schüttete und sie dann noch nicht mal richtig gesäubert hat ... Er wird jetzt einen Zusatz-Computerkurs machen und dann als Praktikant in einer Designerfirma anfangen, wo er genau das lernen kann, was er möchte.

Allmählich trudeln Gäste ein, manche mit Autos – der Wagenpark unten auf der Wiese wächst –, manche werden von Olaf aus Güstrow mitgebracht. Uta kommt, Olafs schöne, lebenspraktische Freundin aus Potsdam, die dort einen Weinhandel betreibt und große Partys mit Catering versorgt, die nun überlegt, nach Mecklenburg zu kommen, um endlich mit Olaf zusammensein zu können und nicht nur eine Wochenend-Ehe führen zu müssen (weil der seinen blühenden Olivenhandel nicht verkaufen kann: Der potentielle Käufer bekommt bei den Banken keinen Kredit. So geht Olaf weiter auf die Märkte Norddeutschlands). Uta könnte sich vorstellen, ein Jahr nach Frankreich zu gehen, um dort zu lernen, wie man guten Käse macht, und diesen Beruf des Käsemachers dann in Mecklenburg auszuüben: Wieso sollten die Leute hier nicht an wirklich gutem Käse interessiert sein? – Die beiden haben es übernommen, für das leibliche Wohl der Gäste zu sorgen, den ganzen nächsten Tag über werden sie in der Küche tätig sein, schnippeln, kochen, formen – eine Fülle exquisiter Vorspeisen und eine sehr gute Kürbissuppe, so daß auf den eigentlich vorgesehenen Hauptgang – ein Pilzrisotto, für das wir die Pilze mitgebracht und dann auch geputzt und geschnippelt haben – verzichtet wurde.

Aber wir sind noch am Vorabend, für den Tinka riesige Töpfe mit Hühnersuppe nach griechischer Manier gekocht hat, die dann von den schon Anwesenden im großen Zimmer eingenommen wird. Ich sitze bei der Gruppe von Martins Verwandten – wir sind natürlich die Ältesten: Die Schwester Toni und ihr Mann aus Bremen, Inge, die Witwe des verstorbenen Bruders Hans aus Rostock (über deren Trauer und über die furchtbaren Schwierigkeiten, die ihr Nachbar ihr bereitet, mir später erzählt wird), Ludwig, der Bürgermeister in Wernigerode ist und mich gleich für eine Lesung im nächsten April anheuert, Ivo, der Schwager aus Halle, Hals-Nasen-Ohrenarzt in Rente, und Heidi, Martins Schwester, mit der ich mich gut verstehe, ein herzlicher, warmer, natürlicher Mensch. Wir erzählen uns, wie wir das letzte Jahr verbracht haben (ich auch über meine diversen Sommer-Krankheiten), sie spricht vom Umbau des Hauses nach dem Tod der Mutter, vom Einzug der Familie ihres Sohnes, von Schwierigkeiten mit dem anderen Sohn usw.

In der Diele steht eine Weile ein Grüppchen von »Politikern« zusammen, im Zentrum Hans Misselwitz, der später kam wegen eines Treffens mit Gewerkschaftsleuten, an dem er als Abgesandter der SPD teilgenommen hat. Ich höre den Satz: »Wir wollen die Ökonomie umsteuern!«, da stelle ich mich dazu und frage: In welche Richtung? – Ich höre: In Richtung Lafontaine. Man könne nicht auf diesem neoliberalen

Kurs der letzten vier Jahre bleiben. – Ob Schröder das auch so sehe? – Er glaube schon. – Drum herum stehen Freunde von Tinka und Martin, zumeist aus dem Friedenskreis, die entweder Sozialdemokraten oder Grüne sind. Unisono begrüßen sie den Coup, der Ströbele gelungen ist: Im Wahlkreis Friedrichshain ein Direktmandat zu gewinnen, ohne von den Grünen aufgestellt worden zu sein: Er ist ihnen zu unbequem. (Dieses Direktmandat hat er einem PDS-Kandidaten abgenommen und damit große Politik gemacht: Wäre dieser PDS-Mensch als Dritter seiner Partei in den Bundestag eingezogen, hätten sich die Kräfteverhältnisse so geändert, daß Rot-Grün wahrscheinlich nicht mehr hätte koalieren können und alles auf eine große Koalition hinausgelaufen wäre, die übrigens Günter Gaus bevorzugt hätte.) Noch erzählt man sich, wie man die Wahlnacht erlebt hat, aber ich merke, wie schnell die Erinnerung daran durch die neuen Tatsachen überlagert wird.

Im kleineren Kreis sitzen wir mit den Freunden aus der Nachbarschaft, Andrea, die von den Fortschritten bei der Mittelbeschaffung für die Kulturscheune Rothen erzählt, Carola, die Töpferin, und Katrin, die andere Töpferin, die die kleine Haushälfte unseres Nachbarhauses vor einem Jahr gekauft hat, die in desolatem Zustand war und ist, nicht mal Wasser gibt es, und Pfarrer Lange hat ihr verboten, welches vom Friedhof zu holen, Katrin, die mit unglaublichem Einsatz und größter Tapferkeit in Minischritten das Haus saniert und zugleich in einem selbst aufgebauten Brennofen schöne Keramik brennt und auf die Märkte bringt. Sie erzählt von der unvorstellbaren Bürokratie, die einsetzt, wenn man einen Platz auf einem Markt beantragt, was alles an Anträgen und Bescheinigungen man da einreichen und wieviel man dann dafür bezahlen muß. Alles Wirklichkeitspartikel, von denen ich ohne Woserin nichts erfahren würde.

Spät kommt, ziemlich aufgelöst, eine jüngere Frau an (für mich sind die inzwischen mindestens Vierzigjährigen immer weiter »jüngere« Frauen), die erzählt, daß sie den Einstieg nach Woserin nicht gefunden hat, bis nach Sternberg geriet und dann immer noch eine Stunde in der inzwischen ziemlich düsteren Umgebung im Auto herumgeirrt ist. Ein neuer Nachbar von gegenüber hat ihr dann Bescheid gegeben, nachdem sie ihm zwei Fragen beantwortet hatte: Was sie denn mache. – Sie male. – Gute oder schlechte Bilder? – Das wird der Landschaftsarchitekt gewesen sein, der sich jetzt hier angesiedelt hat, und der letzte Gast ist Birgit Schöne, die wir mindestens zwanzig Jahre nicht gesehen haben. Die wider alles Erwarten – sie war immer schon begabt, skurril, aber man dachte, sie könne sich nicht durchsetzen – Aufträge als Bühnenbildnerin hat, schöne Sachen macht und empört erzählt, wie ihnen im Theater unterm Dach die Geschäftsführerin Teile ihres offenbar sehr linkslastigen Bühnenbildes abgehängt hat. Am liebsten möchte sie sich darüber beim Bürgermeister beschweren. Von ihrem damals ganz kleinen Sohn, der schwer Asthma hatte und von einem Homöopathen geheilt wurde, erzählt sie, daß er in einer Wohngemeinschaft in Prenzlauer Berg wohnt, die ihn vollkommen umsonst erhält, und daß er in einem Raum, den er für sich hat, Massen von Knetfiguren herstellt, die wunderbar sein sollen, die er aber nicht vermarkten will, weil er mit dieser Geldgesellschaft nichts zu tun haben will und ganz anspruchslos lebt. Die anderen sehen ihn als ihren »Sozialfall« an und es als ihre Aufgabe, ihn mit durchzubringen.

Auch Barbara Buhl aus Köln, die wir jahrelang nicht gesehen haben und die in Tegel gelandet ist, wird von irgend jemandem aus Berlin mitgebracht. Wir hatten ganz früh einmal mit ihr zu tun, als sie am liebsten eine Erzählung von mir für den WDR verfilmt hätte, dann sahen wir sie nach der verunglückten »Eulenspiegel«-Premiere in Hannover, Tinka blieb mit ihr in Kontakt. Sie bringt ihre etwa zehnjährige Tochter Leonie mit, die sofort Freundschaft mit einem anderen Mädchen schließt, sich in das Haus und in die Landschaft verliebt und am übernächsten Tag wehmütig Abschied nimmt. Zeitweise sind wohl an die zwanzig Kinder da, die die Wiese bevölkern. Thomas Jeutner aus Greifswald, der jetzt Pfarrer in Hamburg ist, kommt mit seinem Sohn, sie beide bilden eine eigenständige Musikkapelle mit Schlagzeug, Mundharmonika und Klarinette. (Sie kommen am nächsten Spätnachmittag zum Einsatz, als eine Gruppe von Tinka-und-Martin-Freunden, deren Kern Ruth und Hans Misselwitz, Marina Beyer und Gerhard Rein sind, vor dem Haus ein geistliches Tribunal aufführt, das darüber entscheiden soll, ob die Heilige Katharina und der Heilige Martin im Status der Heiligkeit bleiben oder auf die Erde zurückversetzt werden sollen.)

Ralli, Tinkas erster Freund, kommt mit seinem großen schwarzen Hund Willy, zwischen ihnen herrscht eine gegenseitige Liebe und Abhängigkeit. Er verschenkt kleine von ihm bemalte Pappkärtchen und erzählt mir über die Arbeit in einer Behinderteneinrichtung, die ihn ziemlich aushöhlt. Aber einmal im Monat nimmt er an einem Workshop teil, bei dem es um Familienaufstellung geht, die ihn sehr überzeugt.

Wir verbringen die Stunden bis Mitternacht im Gespräch: Tinkas Geburtstag soll abgewartet werden. Als es zwölf schlägt, kommt Ivo mit einem großen, mit grünem Kreppapier beklebten Tablett herein, das von brennenden Kerzen umsäumt ist. In einem Karton ist eine aus Biskuitteig gebackene und mit Schokolade überzogene 100. – Wir schenken außer einer Bekleidungsmontur für Tinka und Leinenhemden für Martin ein verlängertes Wochenende in Rom. Martin schenkt

Tinka eine schöne Kette mit einem durchsichtigen Stein, es gibt eine Menge anderer Geschenke. Im Hintergrund regeln Timo und Anton die Musik. Natürlich wird Sekt ausgeschenkt. Die Stimmung kommt noch einmal hoch. Aber dann werden wir alle müde und gehen vor eins ins Bett.

Sonnabend, 27. September 2003
Berlin

Es ist elf Uhr, ich habe nach der Zeitungslektüre und den Aufräumarbeiten in der Küche dem beinahe unwiderstehlichen
Drang, mich hinzulegen und zu schlafen, doch widerstanden.
Die Wäsche mußte aufgehängt werden, unter Schweißausbrüchen, die mir signalisierten, daß die Erkältung doch noch
sehr virulent ist, dazwischen immer wieder Hustenanfälle, die
merkwürdigerweise vollkommen aussetzten, als ich gestern
nachmittag eine halbe Stunde bei Maischberger in der Sendung saß, und die sofort wieder einsetzten, als das Mikro ausgeschaltet war.

Das ist nun also der erste »Tag des Jahres«, nachdem das
Buch mit den einundvierzig Jahrestagen heraus ist und relativ
erfolgreich zu werden verspricht, was heißt: Es verkauft sich
bis jetzt gut. Allerdings bin ich gegenüber einem Erfolgsgefühl, besonders aus solchen Gründen, resistent. Im Gegenteil:
Heute nacht, als ich zur Toilette mußte, kam in mir wieder
die Frage hoch: Haben diese Aufzeichnungen, wenn ich sie
jetzt weiterführe, ihre Unschuld verloren? Dadurch, daß ich
sie den Blicken der Welt ausgesetzt habe? Ja und nein, glaube
ich. Ja, weil mir nun »alle Welt« über die Schulter schaut.
Nein, weil ich entschlossen bin, mit diesen Blättern in mein
Versteck zurückzukriechen und sie nicht, sozusagen als Fortsetzung, zu veröffentlichen.

Ich konnte wieder einschlafen, anders als vor zwei Tagen
nach der Buchpremiere in der Akademie der Künste, die mich

dann doch mehr aufgeregt und angestrengt hatte, als ich selbst es wußte. Todmüde, wie ich war, konnte ich den Film nicht anhalten, der hinter meinen Augen lief: Das Riesenauditorium, nach beiden Seiten hin geöffnet, siebenhundert Leute, der Beifall, der überhaupt kein Ende nahm, das Zusammensein mit Eingeladenen im Clubraum, von denen einige mir rieten, ich solle das doch nun mal »genießen«. Fällt mir ja schwer, ich frage mich immer, ob ich da nicht auf der falschen Party bin ... Ich mache mir klar, daß der Tag heute so verlaufen wird, wie ich ihn am liebsten habe: Ohne Termine und Verpflichtungen. Ich zähle in Gedanken die Interviews auf, die ich, vom Verlag gedrängt, der Random House gegenüber mit einem Bestseller antreten möchte, gegeben habe: »Brigitte«, »Spiegel«, »Tagesspiegel«, WDR, »Börsenblatt«, RBB, Maischberger – es ist viel für meine Verhältnisse, zu viel, und ich spüre schon die Aushöhlung durch die immer gleichen Fragen und die auf Öffentlichkeit zugeschnittenen Antworten. Kommt noch die Lesung im BE am »Tag der deutschen Einheit« und, schlimm genug, die Buchmesse. Und zwischendurch immer die Sorge, ob Gerd das alles durchhalten wird, der ja seit seinem Schwindelanfall an dem vorletzten Ahrenshoop-Tag nicht völlig intakt ist – anders als ich, die ich, von der blöden Erkältung abgesehen, ganz gut erholt zurückgekommen bin ...

Morgens beim Aufwachen verschweige ich Gerd, daß heute der 27. September ist (er hat es bis jetzt nicht gemerkt), er las in den Aufzeichnungen von Ulrich Dietzel über seine Erfahrungen zuletzt als Direktor der Ost-Akademie der Künste, ganz interessant, sagt er, am meisten habe er mit Hermlin zu tun gehabt. Ich greife nach dem Buch, das obenauf auf meinem Bücherstapel auf dem Nachttisch liegt: Wolfgang Büscher, »Berlin – Moskau. Eine Reise zu Fuß« – verzichte also darauf, was sehr selten ist, den Krimi der Marinina (»Anastasijas achter Fall«) zu Ende zu lesen, weil er zu konstruiert und routiniert und eigentlich langweilig ist. Der Moskau-Fußmarsch des Journalisten liest sich dagegen gut – vielleicht manchmal stilistisch etwas zu sehr literarisiert –, er erzählt berührende und fast unglaubliche Geschichten zum Beispiel von einer polnischen Gräfin; ich hatte gehofft, er würde über Landsberg kommen, aber er nahm die nördlichere Route über Schwerin, die in umgekehrter Richtung im Januar 1945 mein Vater mit dem Gefangenentransport gegangen ist . . . Büscher erzählt von dem mit Leichen gedüngten Boden auf den Seelower Höhen. Mir fällt ein, daß die Vorsitzende der Heimatvertriebenen, Frau Steinbach, vor mir bei Sandra Maischberger war und sich mit einem gefühlvollen Gedicht ins Gästebuch eingeschrieben hatte. Sie will unbedingt ein Vertriebenendenkmal in Berlin – politisch absichtlich instinktlos, finde ich. Maischberger sagt: Sie war gar nicht vertrieben, wie etwa Sie, sondern Tochter eines Mitglieds der deutschen Besatzungsverwaltung in Polen während des Krieges.

Um acht steht Gerd auf, ich sage: Komm noch mal her, Karlade! Ich will ihn anfassen. Wir wissen beide nicht, woher das Wort »Karlade« kommt, aus dem Thüringischen sicherlich, früher haben wir es oft zueinander gesagt. Gerd bietet mir an, doch noch bis neun zu schlafen, das geht aber nicht. Nach dem Duschen, Anziehen stecke ich die Wäsche in die Maschine. Die Schlagzeile in der »Berliner Zeitung«: »Kanzler büßt Autorität ein« – gemeint ist, daß trotz massiven Drucks sechs Abgeordnete der SPD im Parlament gegen die Gesundheitsreform gestimmt haben. »Die Union verpaßt die Chance zum Kanzlersturz«. Im Radio höre ich, die Abweichler aus der SPD würden zur Rede gestellt werden. Jemand schlägt ihnen sogar vor, auf ihr Mandat zu verzichten. Heißt es nicht im

Grundgesetz, die Abgeordneten seien nur ihrem Gewissen verpflichtet? – DDR-Killerkommando der Stasi soll »Verräter« im Ausland getötet haben. – Manfred Krug läßt sich im »Magazin« in einem langen Interview darüber aus, was für ein Tausendsassa er doch ist. – Die Aufführung des Musicals »Les Misérables« war am Theater des Westens *das* gesellschaftliche Ereignis des gestrigen Abends. Eine lange Liste der Promis, die dabei waren. (Auch wir waren eingeladen, sind natürlich nicht gegangen, wie wir zu fast allen Events nicht gehen, zu denen wir täglich gehen könnten.) – Morgen ist wieder der Berlin-Marathon mit 35 000 Teilnehmern – unter ihnen Volker Schlöndorff. – Jürgen Habermas und protestierende Studenten eröffnen die Adorno-Konferenz in Frankfurt.

Gestern war nach einem gloriosen, gar nicht aufhörenden Sommer vielleicht der letzte wirklich warme Sommertag. Ich werde heute nicht rausgehen, wegen des Hustens, aber ich sehe draußen das immer noch sonnige Wetter, wenn auch, das merke ich, sobald ich das Fenster öffne, die Luft rauher geworden ist, und ich sehe die fast noch unangegilbten grünen Bäume. Wieder ein Sommer vorbei. Wie oft noch – die Frage läuft immer mit. Wir sprechen sie nicht aus.

Gerd kommt von einem seiner beinahe täglichen Einkaufsgänge zurück, er sieht mich am Computer: Was machst du da? – Heute ist doch der 27. September! – Ah – gut! sagt er. Dann zähl mal auf, was du in letzter Zeit alles gemacht hast. Und beschreib auch die Kiste mit Mueller-Stahl.

Diese »Kiste« ist ein etwas hochgestochenes Vorhaben der Amalienpark-Galerie, die Gerd mit verantwortet, und der Buchhandlung Saavedra: In der Galerie sind Bilder und Grafiken von Mueller-Stahl ausgestellt, und am 2. Oktober soll er hier lesen – natürlich in der Kirche, weil kein anderer Raum in Pankow groß genug für ihn ist. Nun hat er sich tagelang nicht erreichen lassen, bis er gestern anrief, mich am Telefon hatte, ich ihm sagte, was man unbedingt wissen mußte: Ob er von der Kanzel lesen werde oder von einem Podium aus, im Sitzen. Er wollte sitzen und verwickelte mich noch in ein Gespräch darüber, daß wir uns in L. A. leider nicht begegnet seien und daß er mir gern den Rücken gestärkt hätte wegen der ungerechten und schamlosen Kampagne, die damals in Deutschland gegen mich gelaufen sei. – Nun, immerhin. – Später rief er dann Gerd an und verlangte ein höheres Honorar – Grass habe schließlich auch mehr bekommen. Die Buchhandlung und der Verein haben natürlich kein Geld, heute hat Frau Saavedra ihn davon überzeugen können, daß auch Grass nicht mehr bekommen und daß er sein Honorar dann sogar noch der Buchhandlung gespendet hat. Da wurde es dann wohl ein etwas kleinlauterer Armin Mueller-Stahl. – O diese Diven ...

Gerd hatte Suppengrün eingekauft, setzte es an für die Kartoffelsuppe, die ich mir gewünscht hatte, packte seine Einkäufe aus, er hatte eine FAZ mitgebracht, hatte wohl erwartet, daß eine Rezension zu meinem Buch drinstehen würde, ich wünschte sehr, das möge nicht der Fall sein, und zum Glück war es auch so. Ich bin immer froh, wenn ich nicht mit Rezensionen überfallen werde. Am liebsten würde ich keine lesen, einige ganz freundliche gab es schon, aber die von der Meyer-Gosau in »Literaturen« hat Gerd stumm weggelegt: Der Text sei hinterlistig. Gerade sie hatte mich nach der Lesung in der Akademie angesprochen: Nun wolle sie mir doch nach all den Jahren und nach allem, was dazwischenlag (sie hatte meine Bücher immer verrissen), sagen, wie gut sie dieses neue Buch finde ...

Ach, das ist alles unwichtig (sage ich mir selbstbeschwörend). Wichtig ist, daß ich dieses Jahr ganz nach außen gewirbelt wurde und keine Mitte mehr habe, kein Thema, das mich umtreibt und zum Schreiben zwingt. Da hinein, in diese Leere, strömt all das Äußerliche. Neulich kam der Plan auf, über einen Autor zu schreiben, der sich allem entzieht und für die Welt verschwindet – weil ich diese Wunschphantasie Gerd vortrug. Machen kannst du es nicht, sagte er. Aber schreiben kannst du es. Mir kommt es so vor, daß es ein männlicher Autor sein müßte, einer, der ausgebrannt ist, nicht nur nicht lieben, überhaupt nichts mehr fühlen kann, außer Ehrgeiz und Neid. Déformation professionnelle ...

Von den Kindern und Enkeln wird heute nichts zu hören sein. Annette und Honza sind auf Sizilien, Tinka fährt morgen an ihrem Geburtstag nach Barcelona, Helenchen, die hellwache, aktive, macht Praktikum in der Friedrich-Ebert-Stiftung, Anton bereitet sich auf Vor-Abiturarbeiten vor und will anscheinend nun doch Evolutions-Biologie studieren, Benni erschien neulich auf der Lesung in einem todschicken Outfit, Anzug mit Weste und Krawatte, das Secondhand und auf den zweiten Blick entsprechend verwittert war, aber sonst weiß er wohl noch nicht so richtig, wohin der Hase bei ihm läuft, und Jana und Frank sind gestandene Journalisten, manchmal schon ein wenig zu sehr in diesen Berufswirbel und seine Gesetze eingebunden. Und Martin hat sich zu einem veritablen Mitarbeiter entwickelt, hat die äußere Erscheinung meines Buches gestaltet und vor allem die Collagen gemacht, die eingestreut sind. Er hat uns auch von Ahrenshoop abgeholt, als Gerd sich nicht trauen konnte, mit dem Auto zu fahren.

Aber was soll diese Aufzählung, der, wie diesem ganzen uninspirierten Text, die Seele fehlt ...

Trotzdem weiter. Kurz vor Mittag – jetzt, es klingelt gerade – kommt eine junge Frau, die Tochter des Herrn Müller

aus der Pfalz, der Arzt ist, mit einer Gruppe von Leuten jähr-
lich Kulturveranstaltungen ausrichtet, einmal waren auch wir
da, mit ihm fuhren wir rüber ins Elsaß, aßen unseren ersten
Flammkuchen; er schickt öfter zwei Flaschen des Pfälzer
Weines, diesmal durch seine Tochter Babette, eine sehr sympathische, frische, natürliche junge Frau von Mitte zwanzig,
Assistenzärztin in Friedrichshain. Ja, sie müßten viel arbeiten,
sagt sie, aber schlimmer sei die starre Hierarchie, die älteren
Ärzte kommunizierten überhaupt nicht mit ihnen, nie werde
der Krankheitsverlauf eines Patienten diskutiert, höchstens
kriegten sie manchmal zu hören, sie, die Älteren, hätten früher
noch viel mehr gearbeitet als heute die Jungen. Ich schenkte
ihr »Leibhaftig«, sie ließ sich das neue Buch für ihre Mutter
signieren.

Inzwischen ist die Post gekommen. Einladungen, die gleich
in den Papierkarton wandern. Ich soll an einer Beiratssitzung
von INKOTA teilnehmen. Soll im nächsten Jahr Patin für ein
Kölner Literaturfestival werden (was nicht geht – das Festival
fällt genau auf meinen 75. Geburtstag). Ein Autor sendet mir
sein literarisches Erstlingswerk, das meine Erzählung »Kassandra« »weiterspinnt«. Zwei rührend freundschaftliche Briefe
von Ellen und Jörg Jannings, die mit bei der Akademiever-
anstaltung waren und ihre Gefühle schildern. Und dann,
wie meistens jetzt, ein Autogrammwunsch – meine Adresse
muß da auf einer Liste stehen, die die Autogrammjäger, die
natürlich meistens keine Zeile von mir gelesen haben, abarbei-
ten. Ich habe für solche Fälle ein Blatt mit dem Text: »Frau
Wolf vergibt keine Autogramme außer bei Lesungen in ihre
Bücher.« Aus irgendeinem Grund beleidigen mich diese Auto-
grammwünsche.

Ich bin wahnsinnig müde, huste, nehme alle möglichen
Lutschtabletten, »es sitzt mir im Kreuz«, aber im Bett bleiben

wäre auch nicht das Richtige. Die Kartoffelsuppe schmeckt, natürlich denken wir bei diesem Rezept immer an Frieder Schlotterbeck, ach, manche Menschen fehlen uns doch sehr. Ich kann die Reihe der Toten vor meinem inneren Auge vorbeiziehen lassen, Heinrich Böll, Anna Seghers, Aenne und Frieder Schlotterbeck, Max Frisch, Raja und Lew Kopelew, Otl Aicher, Inge Aicher-Scholl, Efim Etkind, Adolf Dresen, Thomas Brasch: »What a seed!« Welch ein Reichtum von Begegnungen und Anstößen, einfach von Menschlichkeit. Verklärt man die Erinnerung? Ist jetzt wirklich eine Substanz von Menschlichkeit verlorengegangen?

Hinlegen, endlich. Ich begleite den Moskau-Wanderer bis vor Minsk, schlafe. Als wir beide wach sind, haben wir keine Lust, aufzustehen, lesen noch in unseren jeweiligen Büchern. Er wisse eigentlich nicht, was mit mir los sei, sagt Gerd, ich hätte mich in Ahrenshoop so gut erholt, und nun sei alles wieder weg. Ich müßte doch eigentlich auf Wolken gehen ... Er weiß ja genau, was »mit mir los« ist, und ich weiß es auch, aber das will ich am wenigsten erörtern, ich ermanne mich also, stehe auf, koche Tee, nehme den Baumkuchen mit rein »ins große Zimmer«, schmeckt gut, sagt Gerd, wenn er so frisch ist. Wir sehen im Fernsehen, wie eine Schwarzwälder Kirschtorte hergestellt wird, mit Unmengen von Sahne, und dann einen Film aus einer Arztserie, in der Karin Gregorek, die doch Hacksens Geliebte war, eine zickige herzkranke Gräfin darstellt und vom Chefarzt umgarnt wird und sich dagegen sträubt, daß der junge Graf die junge Hausdame heiraten will. – Ja, wo leben wir denn! sagen wir, aber das wissen wir ja, im Land des fortschreitenden Sozialabbaus und der fortschreitenden Reaktion. Die bürgerlichen Freiheiten sind mal wieder in die bourgeoisen »Freiheiten« gekippt. Ist ja auch bequemer, sich mit einer Gräfin über die schlechten Manieren des Personals zu grämen, als sich mit den Gründen für vier Millionen Arbeitslose auseinanderzusetzen.

Es ist schon halb sechs, als ich an diesem Text weiter bastele. Da äußerlich heute tatsächlich nichts passiert – ein Anruf von Karin Kiwus, ob wir ihr noch Karten für die Mueller-Stahl-Veranstaltung besorgen können –, sollte ich wohl mal in mich reinhören. Ist vielleicht dieses letzte Buch wirklich mein letztes? Einfach, weil die Reibungen, die ich erlebe, mich nicht tief genug angehen und daher keine Funken schlagen, die ein kreatives Feuerchen entzünden könnten? »Leibhaftig« war ein Nachschlag, dieses Thema gibt kaum noch etwas her. Manchmal denke ich, die direkte Wendezeit, die Untersuchungskommission, das alles ist von mir noch nicht wirklich aufgearbeitet. Doch fehlt auch hier der Einfall, der den Stoff organisieren könnte. Ein Mann, dessen Zwiespalt mit Tod endet? Ich muß wohl warten, in der Zwischenzeit Handreichungen für neue Zwischenbücher machen: Briefwechsel mit Anna Seghers, Briefwechsel mit Charlotte Wolff – alles nichts Neues. Aufarbeitung von vorliegendem Material. Muß wohl auch sein, beflügelt aber nicht. »Stadt der Engel«? Scheint weit weg zu sein. Muß es mir noch mal mit neuen Augen ansehen. Unfruchtbare Zeiten. »Auf Wolken gehen?« Na, mein Lieber!

Die Sonne schleicht sich um meinen Arbeitsplatz am Computer herum. Jemand ruft an und möchte am liebsten am Wochenende kommen, um sich Bücher signieren zu lassen, wird abgewiesen: Was zuviel ist, ist zuviel. Nach sieben beginnen wir Abendbrot zu machen – die herrlichen Steinpilze vom Markt und dazu dünne Nudelchen. Guten Weißwein. Während wir essen – »mit schmatzendem Behagen«, wie Frieder immer sagte –, ruft Helene an: Sie habe eine unangenehme Mitteilung. Beim Lesen in meinem Buch sei ihr aufgefallen, daß bei den Anmerkungen unter der Jahreszahl 2000 die Anmerkungen für 1999 stehen und daß die für 2000 überhaupt fehlen. Schreckmoment. Gerd kontrolliert sofort, stellt fest, daß es für 1999 keine Anmerkungen gab und die von 2000 unter die falsche Jahreszahl gerutscht sind. Wir rufen Martin an: Ob das bei der zweiten Auflage zu korrigieren sein wird? Wir müssen gleich Montag mit dem Verlag sprechen. Martin gibt noch ein paar Fehler durch, die ihm bei der Lesung aufgefallen sind, einige waren Sprech- oder Hörfehler, den einen – daß ich die Türme des Kölner Doms mit »Stalaktiten« anstatt mit »Stalagmiten« vergleiche – werde ich stehenlassen. Martin meint, Tinka und er würden um Mitternacht noch auf sein, wenn ihr Geburtstag beginne; wenn ich dann noch anrufen wolle ...

So lange kann ich nicht wach bleiben. Ein Krimi, bei dem am Ende die verschleppte junge Rumänin, die zwischendurch ihr Gedächtnis verloren hatte, gerettet und in ihre Heimat zurückgeschickt werden kann. Ein paar Minuten der Verleihung des Deutschen Fernsehpreises, bei dem alle die Bildschirmgesichter in einem Saal versammelt sind und man stark das Gefühl von Inzucht hatte, ein paar Fetzen von Sportereignissen. Ein längerer Ausschnitt aus einem alten DDR-Film: »Der Staatsanwalt hat das Wort«, in dem ein junger Rolf Hoppe als Oberförster, eine junge Lissy Tempelhof als seine (betrogene) Ehefrau und eine junge Angelika Waller als seine Geliebte auftraten. Ach ja. Nicht Ostalgie, eher Heiterkeit kam auf. Das gab es alles.

Ich muß ins Bett. Tinka anrufen. Sie ist beim Kofferpacken und sieht einen Film, den wir auch suchen, den ich dann aber ausschalte, als er gewalttätig zu werden droht. Guten Flug, sage ich. Gratulieren kann man ja noch nicht. Nächsten Sonntag werden wir, um alle die nahe beieinanderliegenden Familiengeburtstage in ihrer Sippe zu begehen, zusammen brunchen. Wo, das soll Helene herausfinden.

Im Bett lese ich noch ein paar Seiten in dem Buch, das sich immer noch in Weißrußland bewegt – im Reich Lukaschenkos, in dem die Leute nicht mehr glauben, daß es je besser werden kann. Ich halte nicht lange durch, muß schlafen. Leider wache ich, von merkwürdigen Tierbildern aus einem Traum getrieben, mitten in der Nacht auf und merke nach längerer Zeit, daß es wieder mit dem Einschlafen nichts wird. Nun holt mich doch das Gespräch mit der Maischberger ein, läuft in mir ab, ich frage mich, ob ich nicht zuviel, nicht das Falsche gesagt, mich zu sehr preisgegeben habe. Schön wäre es, wenn ich die Sendung gar nicht sehen müßte, aber das wird Gerd nicht gestatten. Ich sage mir, all dieses Gesprochene und Gesendete ist schnell vergessen, heute nacht nützt es mir nicht viel. So bin ich also doch immer noch abhängig von der Meinung der Leute? Weniger, sage ich mir, viel weniger als früher. Aber eben doch . . .

Es ist fast vier Uhr. Schließlich nehme ich eine Faustan, sie wirkt langsamer und weniger stark, als ich gehofft hatte, um halb acht bin ich wieder wach und weiß gar nicht, ob ich so richtig geschlafen habe. Der Wanderer in dem Buch nähert sich der russischen Grenze. Heute ist der 28. September.

Montag, 27. September 2004
Berlin

Nachts um halb drei erwache ich in einem Traum. Wir, Gerd (der undeutlich bleibt) und ich, laufen in einer Art Gartengelände herum und wissen, wir sollen »weggebracht« werden, warum und wohin, bleibt unausgesprochen, es sind auch gar keine Leute da, um uns »wegzubringen«, aber es steht uns Ungutes bevor. Unser größter Kummer: Wie sollen wir es »den anderen«, den Kindern, mitteilen, wo wir sind? Eine Möglichkeit fällt uns ein: Wir könnten ihnen ein Blumenarrangement hinterlassen, das sie verstehen würden. Wir graben zwei runde Löcher in die Erde, in das eine stecken wir einen großen runden Strauß knallgelber Blumen, in das andere sollen kobaltblaue Blumen kommen, aus irgendeinem Grund würde diese Farbzusammenstellung die Nachricht übermitteln. Aber blaue Blumen sind nicht da. Wir finden blaßlila Blüten, phloxartig, ich pflücke eine und betrachte sie prüfend, ob sie ihren Zweck erfüllen würde. Da bricht der Traum ab. Er war außerordentlich farbenprächtig.

Ich gehe zur Toilette. Ehe ich wieder einschlafen kann, geht mir einiges durch den Kopf, den ich am liebsten leer halten möchte. Zuerst immer wieder Benni, seine Krankheit, der große Kummer dieses Jahres. Wie immer, wenn ich an ihn denke, schicke ich ihm heilsame Gedanken. Ich verbiete mir Pessimismus, aus Selbstschutz und aus Aberglauben. – Dann der fast komische Umstand, daß wir durch mein neuerliches Vorhofflimmern gehindert wurden, unsere lange geplante und gründlich vorbereitete Kur anzutreten. Diese Nacht hätten wir ja, nach dem sonntäglichen Bahnreisetag, schon in der Kurklinik im Berchtesgadener Land verbringen sollen. Merkwürdig schwach war unser Bedauern darüber, daß wir nicht fahren konnten, denke ich. Ich empfand, fast erleichtert und plötzlich sehr ruhebedürftig: Ah, zwei Wochen allein zu Hause ohne Termine! Und Gerd sagte: Kann ich wenigstens in Ruhe arbeiten (er meint an den Vorbereitungen zu einer Biographie über Carlfriedrich Claus). An einem Vormittag machten wir alle Vorbereitungen rückgängig, anscheinend mit geringem finanziellen Verlust. – Schließlich stieg noch die Problematik meines bevorstehenden Verlagswechsels in mir auf. Der Zweifel, ob wir das am Sonnabend im »Olivenbaum« mit Thomas Sparr besprochene Statement für die Öffentlichkeit wirklich herausgeben sollten, ehe ich feste Bedingungen mit Suhrkamp ausgehandelt habe; ob dadurch nicht Klaus Eck von Random House sich noch bockiger anstellen würde. – Es sah nicht so aus, als ob ich wieder einschlafen würde. Dann gelang es doch.

Um halb sechs wieder wach, diesmal ernsthaft. Nach einiger Zeit griff ich nach dem Buch von Günter Gaus, das auf dem Nachttisch lag: »Widersprüche. Erinnerungen eines konservativen Linken«. Gerd hatte auch angefangen zu lesen: In der neuesten Biographie über Augstein. Bei mir war das Wehner-Kapitel dran. Wieder empfand ich: Es ist der Glanz- und Höhepunkt des Buches. Lebhaft stand mir der Abend bei Maria Sommer im letzten Winter vor Augen, an dem er uns dieses Kapitel vorlas. Froh war ich, daß wir ihn aus vollem Herzen dafür gelobt hatten, was er ja so dringend brauchte. Auch beim Wiederlesen erschien mir dieses Kapitel bewegend in seiner Einfühlung in einen hoch widersprüchlichen und schwierigen Menschen, nobel und anständig. Literarisch im guten

Sinn – was die meisten anderen Kapitel nicht sind –, weil es unverstellt die Nähe des Autors zu Wehner deutlich macht, Gefühlsäußerungen nicht scheut (wie sonst meistens). Die Trauer um Gaus kam wieder in mir auf. Er ist nicht zu ersetzen als Freund, als eloquenter, manchmal durchaus schwieriger Gesprächspartner, als Beipflichtender und Widerpart, als Erzähler, der uns die alte Bundesrepublik etwas besser verstehen lehrte. Das tut übrigens auch dieses Buch – und es bekräftigt und untermauert, was wir oft an ihm erlebten: daß er zeitweilig in der alten Bundesrepublik ein »großer Zampano« gewesen war, und wie er litt, als er es nach der Wende nicht mehr sein konnte. Manchmal scheint seine Eitelkeit beinahe ungebrochen durch. Viele der Anekdoten, die er erzählt, kannten wir schon, aber die Aufzählung der hohen Tiere, die er nicht nur kannte, sondern auch zum Teil beriet, machte mir noch mal seine Bedeutung vor der Wende deutlich. Vielleicht schätzt er sie höher ein, als sie war – aber sei's drum. – In den letzten Kapiteln, die ich dann, nach einem Morgenschlaf, auch noch im Bett las, ist mir zuviel von politischen Machenschaften die Rede – auch von solchen, an denen er nicht beteiligt war: Er ist Chefredakteur des »Spiegel« und schildert für mein Gefühl zu ausführlich die dortigen Verhältnisse und Querelen: Das wird schnell vergessen sein. Und dann der schmerzhafte Abbruch des Kapitels, als er von Willy Brandt ins Kanzleramt berufen wird, um der erste Ständige Vertreter der Bundesrepublik in der DDR zu werden: Diese zwei geplanten Kapitel hätte er zweifellos zu den Höhepunkten des Buches gemacht, und sie hätten ihm im Osten eine beträchtliche Leserschaft gesichert. Ob dies beim jetzigen Zustand des Buches der Fall sein wird, bezweifle ich.

Nun also die Routine nach dem Aufstehen (wobei ich insgeheim prüfe, ob nicht vielleicht mein Vorhofflimmern über

Nacht vergangen ist; aber ich kann es nicht feststellen, man kann es am Puls nicht tasten). Duschen et cetera. Die Innohep-Spritze, die ich mir geben muß, bis die Falithrom-Tabletten meinen Blutgerinnungswert auf über 2 gebracht haben – was immer das bedeutet. Eine Schnitte mit dem Pflanzenaufstrich aus dem Bioladen, weil ich ja wieder mal abnehmen will. Eine Tasse Tee. Meine diversen Tabletten. Im Radio ein Interview mit dem Generalsekretär der SPD, Benneter, über den Ausgang der gestrigen Kommunalwahlen in Nordrhein-Westfalen, bei denen die CDU sieben, die SPD aber immerhin über zwei Prozent Stimmen verloren haben (bei einer Wahlbeteiligung von knapp über fünfzig Prozent!) und dadurch auf das schlechteste Wahlergebnis in der Geschichte der Bundesrepublik gekommen sind. Der Mann ist trotz redlichen Bemühens des Moderators nicht dazu zu bewegen, dies zu bedauern; im Gegenteil: Er will die von Müntefering ausgerufene Trendwende für die Sozialdemokraten erkennen, wie auch vorher der CDU-Mann Rüttgers trotz der Verluste einen Wahlsieg ausrief. Ich denke: Denen ist nicht zu helfen.

Zettel hinlegen für C., daß wir *nicht* zur Kur gefahren sind. Im Auto nach Buch. Der Himmel ist trübe, einzelne Schauer, das Thermometer zeigt dreizehn Grad. Gerd hat nichts gegessen, weil er zur Blutabnahme muß. Die Autobahn in Richtung Berlin ist stärker befahren als die unsere. Wir fahren an der Klinik vorbei, die noch gegen Ende der DDR-Zeit für die Großkopfeten erbaut wurde. Gerd erinnert sich, daß er bei einem seiner Schwindelanfälle einmal dort bei einem Ohrenarzt war. (Er weiß übrigens nicht, daß heute »Tag des Jahres« ist, während ich ganz froh darüber bin, weil ich sonst nichts schreiben könnte.) – Wie oft sind wir diesen Weg nach Buch gefahren, wie oft durch das Tor auf das mit den alten Klinikbauten besetzte Gelände gelangt. Der Parkplatz ist voll wie immer, Gerd sucht anderswo einen Platz, während ich uns schon anmelde. Daß er seine Chipkarte vergessen hat, ist nicht schlimm, weil sie ja schon einmal in diesem Quartal eingelesen wurde. Ich muß durch die interne Station – auf der ich auch schon mehrmals gelegen habe – ins Nachbarhaus 134a, in den dritten Stock zum Labor, eine hübsche Assistentin zieht Blut aus meinem linken Ohrläppchen, was zuerst gar nicht gelingt und von ihr humorvoll kommentiert wird. Mein Quick-Wert ist dann nur um ein Zehntel höher als am Freitag – 1,25 –, aber die Wirkung der Tabletten setze ja auch erst frühestens nach drei Tagen ein. Wir würden uns ja nun öfter sehen. Allerdings. Ich merke, daß ich mich an den Gedanken gewöhnt habe.

Gerd sitzt unten im Wartebereich, sein Blut hat er schon abgeliefert, ich setze mich vor die Tür zum EKG, er zieht aus dem Automaten zwei Cappuccino, damit ich meine Falithrom-Tabletten nehmen kann, das verursacht wegen des schäumenden Getränks eine ziemliche Schweinerei. Die EKG-Schwester empfängt mich vertraulich, na klar, sie habe ja neulich gesehen, was mit meinem EKG los gewesen ist, konnte natürlich nichts sagen. Sie kabelt mich an, läßt den Apparat laufen: Es ist noch da. – Geht es manchmal von alleine weg? – Spontanheilungen kommen vor. Aber selten.

Warten vor der Tür von Dr. Hohmuth. Es ist fast elf Uhr geworden. Wir sitzen auf Klappstühlen im Flur, so daß die Patienten an uns vorbeiparadieren müssen. Fast alles ältere und alte Leute, wenig ansehnlich. Die Frauen meist kompakt bis dick – wie ich auch. Dazu ungünstig gekleidet. Und die alten Ehepaare – man hat das Gefühl, die langweilen sich miteinander und überhaupt, haben aber eine fast kindliche Abhängigkeit voneinander entwickelt. Wie sehen die anderen uns?

Dr. Hohmuth wirft nur einen Blick auf das EKG, einen

zweiten auf meinen Quick-Ausweis. Etwas länger studiert er meinen alten Ausweis von 2002, als ich dieses Vorhofflimmern wochenlang schon mal hatte und es durch einen Elektroschock unterbrochen wurde. Damals sind Sie anscheinend mit einer Falithrom ausgekommen. – Er möchte gern meine Blutgruppe wissen, die ist nicht auffindbar. An einem Modell an einer Schautafel an der Wand erklärt er mir, was da bei mir »flimmert«. Es sei nicht lebensgefährlich, man könne damit existieren. – Existieren, sage ich. Nicht leben. – Er grinst: Doch doch. Auch leben. Kennen Sie Professor Cornu? Ein französischer Kommunist, der in die DDR gekommen sei. Er habe über Marx und den Marxismus gearbeitet. Der sei ein ständiger Gast bei ihnen gewesen, habe die letzten zwanzig Jahre seines Lebens mit diesem Vorhofflimmern zugebracht. Sei sehr aktiv gewesen und dreiundneunzig Jahre alt geworden. Natürlich, die Herzleistung sei eingeschränkt, ich solle sie nicht überstrapazieren, könne mir aber durchaus etwas zumuten. Ich finde das Kurvenbild auf dem EKG ästhetisch eigentlich schön. Ja, sagt er, wenn man von der Unregelmäßigkeit absieht. Er zeigt mir, daß die Herzschläge zwischen den einzelnen Zacken unregelmäßig kommen – mal vier, mal drei, mal zwei. Dies könne man am Puls tasten, das eigentliche Flimmern nicht. Medikamente werden verschrieben. Der nächste Termin ist am Donnerstag.

Draußen ist eine herrliche feuchte Luft, ich atme sie in vollen Zügen, während Gerd das Auto holt. Ich erzähle ihm von Professor Cornu. Gerd fragt, was ich essen will. Gemüse. Wir beschließen, bei Kaiser's ranzufahren. Kaufen Gemüse, Brot, ich wünsche mir zwei magere Steaks, Quark, Halbfettbutter und so weiter. Alles für nur 57 Euro – im Bioladen, sagt Gerd, wäre es viel teurer gewesen. Zu Hause komme ich nur langsam die Treppe hoch: Ja, die Herzleistung ist eingeschränkt!

Es geht inzwischen auf zwölf zu. In der Post ist das übliche halbe oder ganze Dutzend Einladungen zu Ausstellungen und anderen Events, die große Mehrheit des Papiers landet sofort in der Papierkiste unter dem Schrank im Flur. Eine Einladung von der Leipziger Buchmesse: Ich soll zur Messe 2005 einen Erinnerungsband von Pierre Radvanyi über seine Mutter Anna Seghers vorstellen – da ich mich doch so für die Messe eingesetzt habe: Ich habe vorige Woche ein harsch-trauriges Statement für die »Leipziger Volkszeitung« geschrieben, als der Börsenverein der Leipziger Messe nach drei Jahren den nationalen Bücherpreis wieder wegnahm und ihn in anderer Form nach Frankfurt verlagerte. Ich greife vor (ich schreibe dies schon am 28. September): Am Abend las ich zufällig im neuesten Buchhändler-»Börsenblatt«: »Daß der Börsenverein den in den vergangenen drei Jahren vergebenen Deutschen Bücherpreis gemeinsam mit den Partnern aus Leipzig nicht fortgeführt hat, wurde auch politisch interpretiert. Christa Wolf sprach von einer Vertiefung des Ost-West-Konflikts.« Nein. Ich sprach von einer politischen Instinktlosigkeit angesichts der gegenwärtigen Lage in Deutschland (die allerdings durch ein ökonomisches und besonders mentales Auseinanderdriften der beiden Deutschland gekennzeichnet ist). Weiter Post: Ich werde gebeten, an einer Feier zum fünfundsiebzigsten Geburtstag von Imre Kertész im November im Berliner Ensemble teilzunehmen. Eine Frau schickt mir ein Buch, das ich nicht nur signieren, auch noch mit einem von ihr ausgewählten Spruch versehen soll: Dies sind die Sendungen, die mich wegen ihrer Rücksichtslosigkeit immer aufs neue empören. Die Akademie der Künste kündigt ihre Jahressitzung im Oktober an: Diesmal werde ich nicht hingehen, einmal im Jahr muß genügen.

Ich rufe Annette an, mit einem gewissen Bangen, frage, wie

es Benni am Wochenende ging, als er bei ihnen war. Nicht so schlimm wie am Wochenende davor, sagt sie.

Als nächstes rufe ich die »Heilerin« an. Sie hat mich das letzte Mal behandelt, als mein Vorhofflimmern schon festgestellt war. Man liegt auf einer weichen Matratze, schließt die Augen, sie hockt sich im Lotossitz daneben und beschreibt mit ihren Händen Figuren über dem Körper des Liegenden, die die Energieströme, die aus ihren Händen kommen, auf die gewünschte Weise an die gewünschten Stellen leiten sollen. Das dauert etwa eine Dreiviertelstunde. Mir sagte sie, sie habe an meinem Herzen gearbeitet, es sei sehr intensiv gewesen, die Hände hätten ihr weh getan, so stark habe die Energie gewirkt. Sie habe mein Herz richtig massiert. Sie habe da Enge gesehen, auch so etwas wie Verkrampfung. Ich muß ihr sagen, daß das Vorhofflimmern leider nicht zurückgegangen ist. Wir verabreden einen neuen Termin.

Die »Heilerin« ist vierzig, eine nicht schöne, aber reizvolle, schmale, Frau. Die »Gabe« hat sich ihr während einer Meditation bei einer eigenen Krankheit gezeigt, sie hat sie an sich selber ausprobiert und allein weiterentwickelt. Es gebe doch so vieles um uns herum, was nicht materiell sei, aber doch vorhanden, die Physik komme dem doch auch immer näher – manches sei Materie, dasselbe könne die Form von Energie annehmen. Sie glaubt an eine Art Wiedergeburt, sie sehe bei ihren Klienten so oft Erscheinungen, die nicht aus ihrem jetzigen Leben stammten. Sie lehnt die Schulmedizin nicht ab, aber als Dauerbehandlung erscheint sie ihr zu grob. Woher sie diese Gabe der Energieübertragung habe, wisse sie nicht.

Mich haben solche Phänomene ja schon immer fasziniert, eigentlich seit der Vorstellung in Gedankenlesen und Hypnose, die Herr Wandrey bei meiner Konfirmation gab. Mein Herz will sie drei-, viermal behandeln.

C. ist inzwischen gekommen, sie glaubte uns bei der geplanten Kur und wollte unsere Blumen versorgen. Ich frage sie nach dem Stand ihrer Angelegenheiten: Sie hatte sich nach wenigen Monaten von dem Mann getrennt, den sie, kaum daß sie ihn einige Wochen kannte, mit fliegenden Fahnen geheiratet hatte und der sich bald als »betrügerischer Gewalttäter« entpuppte. Nun betreibt sie eine Schnell-Scheidung von ihm, ist dauernd mit der Polizei zugange, weil er die Wohnung demoliert und nicht ausziehen wollte, leider hat sie mit ihm gleich ein gemeinsames Konto eingerichtet usw. Sie berichtet mir von der neuen Wohnung, die sie zum Glück gefunden hat, ganz schön, nicht teuer, nicht mal weit von uns.

Ich rufe Maria Sommer an, mit der ich lange keinen Kontakt hatte und die ganz oben auf meiner Liste steht. Sie hat, wie ich es mir schon dachte, eine schwierige und schwer beschäftigte Zeit hinter sich: Richard Hey ist gestorben, einer ihrer ersten Autoren, sie hat ihn in den letzten Wochen oft besucht und mußte dann die Totenrede halten, das habe sie sehr mitgenommen. (Gerd guckt beim Mittagessen sofort im Lexikon nach, um die Titel aufzuspüren, die Hey geschrieben hat. Wir kennen keinen von ihnen und vermuten, er werde auch sonst schon zu Lebzeiten vergessen gewesen sein ...) Wir beteuern uns gegenseitig, daß wir uns bald mal sehen müssen, und wollen uns anrufen. Ich bin froh, daß ich sie endlich erreicht habe.

Mittagessen. Es gibt dieses ganz vorschriftsmäßig nach dem französischen Kochbuch mit Madeirasoße gebratene Steak und gedünstetes gemischtes Gemüse dazu – ein wunderbares Essen. Im Küchenradio die üblichen Schreckensmeldungen: Wieder Tote im Irak durch amerikanische Luftangriffe. Wenn ich beinahe gewohnheitsmäßig sage: Was soll das werden!, erwidert Gerd: Die Amerikaner müssen dort ein neues

Vietnam erleben. Berichtet wird über die Ungewißheit über den Zustand einiger der Geiseln, die von »aufständischen« oder kriminellen Banden gekidnappt wurden und über deren Ermordung noch nicht, wie bei vielen der anderen Geiseln, gesicherte Dokumente vorliegen: Zwei französische Journalisten, zwei italienische Mitarbeiterinnen einer Hilfsorganisation, ein Engländer, der Tony Blair per Video angefleht hat, etwas für ihn zu tun. Die jeweiligen Staatsoberhäupter bleiben hart: Mit Geiselnehmern dürfe man nicht verhandeln, sonst »sei die Jagd eröffnet«. Ich versuche, mich nicht zu sehr in die Lage der Angehörigen dieser armen Menschen zu versetzen: Man hat ja auf den Bildschirmen schon Enthauptungen der Geiseln sehen müssen. Innenpolitisch machen Korrespondenten sich lustig über die Manie aller Parteihäuptlinge, die gestrige Wahl in Nordrhein-Westfalen als Sieg für sich in Anspruch zu nehmen.

Ein Anruf von der Praxis meiner Hausärztin, Dr. Reich: Von meinem letzten Besuch her, nach dem Unfall, sei anscheinend noch die Praxisgebühr offen. Ich sage, die zehn Euro habe ich in der Notaufnahme des Krankenhauses, in das die Feuerwehr mich gebracht hatte, bezahlt. – Ach so. Sie müsse sich erkundigen, ob es da nicht vielleicht eine neue Verordnung gebe, leider wechselten die auch mitten im Quartal. – Dann: Nein, das sei in Ordnung, ich müsse nicht doppelt bezahlen.

Mittagsschlaf, endlich. Das Bedürfnis danach ist jeden Tag sehr groß. Ich nehme die »Berliner Zeitung« mit ins Bett, die ich heute noch nicht lesen konnte. Schlagzeilen: Verluste für CDU und SPD. – Hannover verläßt Konferenz der Kultusminister. – KarstadtQuelle: Jetzt wird gehandelt. Der Konzern ist tief in den roten Zahlen und wird bei seiner Reorganisation tausende Arbeitsplätze streichen. – Österreichs letzter Kaiser wird seliggesprochen. – Auf der dritten Seite wird von einem

»Unternehmer« berichtet, der jetzt verhaftet wurde, weil er Kopf einer Mafia-Bande gewesen sein soll, die ganz Neuruppin beherrscht. – Der israelische Geheimdient hat in Syrien einen der bekanntesten Hamas-Führer getötet. – Der Erfolg der Rechtsradikalen bei den jüngsten Wahlen in Sachsen und Brandenburg wird kommentiert. – Wirtschaftsminister Clement erwartet eine Angleichung des Lebensstandards in Ost und West bis 2019. – Ankara verbietet Folter und Selbstjustiz. – Italiens Regierung kritisiert Deutschlands Streben nach Sitz im Sicherheitsrat. – Chaotische Folgen des Hurrikans in Florida und Haiti. – »Bild am Sonntag« macht den Anfang: Wieder alte Rechtschreibung. (Ein Dauerbrenner: Die neue Rechtschreibung, ein Schildbürgerstreich, der sehr teuer ist.) – Frankreich trauert um Françoise Sagan. – Völler tritt nach 26 Tagen beim AS Rom als Trainer zurück. – Thomas Brussig hat einen neuen Wendezeit-Roman geschrieben: »Wie es leuchtet«. (Am Abend liest Gerd aus einer positiven Besprechung dieses Romans im »Freitag« vor, in der wieder erwähnt wird, daß er mich in seinem ersten Buch, »Helden wie wir«, lächerlich gemacht hat. Ich habe das Buch nie gelesen. Gerd äußert Unwillen darüber, daß Annette und Honza mit ihm befreundet sein können und auch Jana und Frank gut mit ihm stehen. Ich sage: Klar, wenn jemand über eines unserer Kinder so geschrieben hätte wie er über mich, würde ich keine Beziehungen mit ihm unterhalten. Aber daß er den nächsten Generationen näher ist als ich, als Autor, das kann ich schon verstehen, und warum sollten sie da auf mich Rücksicht nehmen.)

Deutschland und Polen planen eine gemeinsame Arbeitsgruppe, um Entschädigungsforderungen deutscher und polnischer Bürger im Gefolge des Zweiten Weltkriegs abzuwehren. – Für mich eine der wichtigsten Meldungen. Die Bestrebungen der »Preußischen Treuhand«, die Vertriebene vertritt und in deren Namen Rückgabe- und Entschädigungsforderungen stellt, haben mich entsetzt. Neulich, als wir mit Trageiser bei »Borchardt« aßen – unser Abschiedsessen –, kam mir von ihm auch eine rein juristische Betrachtungsweise dieses Vorgangs entgegen, auch ein Dauergefühl, als »Vertriebener« zurückgesetzt zu sein. War das in der DDR, wo es viel weniger Vermögensunterschiede gab als im Westen, weniger der Fall? Daß die Vertreibung, wie jede Katastrophe, traumatisch auf viele Menschen, besonders die Älteren, gewirkt hat, ist ganz unbestritten, und daß man dies anerkennen soll, auch. Das läßt sich nicht alles durch Einsicht in historische Zusammenhänge und Notwendigkeiten kompensieren, wie ich es ziemlich lange versucht habe. Aber ich kann und will nicht begreifen, daß man für einen erhofften persönlichen Nutzen die einigermaßen normalen Beziehungen zu Polen, die so eminent wichtig sind, in Frage stellt.

Schlafen, Lieblingsbeschäftigung, bis nach 16 Uhr.

Kaffee. Ein paar trockene Filinchen-Scheiben. Erst jetzt sage ich Gerd, daß heute »Tag des Jahres« ist. Ach so! sagt er und beginnt sofort nachzudenken, was ich an diesem Tag erlebe und aufzeichnen kann.

Dann erst Beginn dieser Aufzeichnungen. Also muß ich jetzt notieren, daß ich zwei, drei Stunden lang notiere: Überlagerung von Tätigkeit und Beschreibung. Die Schmerzen in der Sehnenscheide des linken Arms, die mich zuerst beunruhigten, lassen dabei sogar nach – anscheinend beginne ich mich nach dem langen Laptop-Schreiben im Sommer wieder an den Normal-Computer zu gewöhnen.

Kurz vor sieben drucke ich die ersten Seiten aus, dabei zieht mein Drucker, wie jetzt häufig, gleich eine ganze Menge von Papier ein und verstopft dabei. Übrig bleibt nach meinen

Rettungsversuchen eine einzelne Seite, die so fest in der Maschine steckt, daß ich sie nicht herauskriege, ohne fürchten zu müssen, daß sie zerreißt und alles endgültig unverbesserbar macht. Ich lasse einfach alles, wie es ist, schalte den Computer aus und setze mich vor den Fernseher (am nächsten Morgen kann ich die verklemmte Seite ziemlich problemlos herausziehen).

»Großstadtrevier«, Dauerbrenner. Wir essen schon Abendbrot, während der eine der Polizisten von der Wache ausgerechnet am Tag seines zehnten Dienstjubiläums noch in der Hand gefährlicher Entführer ist. Gerd hat aus den Resten unserer Hühnerbrühe eine Art fast fettloser Thai-Suppe gemacht, mit Kokosmilch, Zitronengras, Ingwer, die wunderbar schmeckt. Ein kleines Glas Rotwein genehmige ich mir – Alkohol hat zwar Kalorien, ist aber andererseits in kleinen Mengen genossen doch auch gesund ...

Nachrichten: In Brandenburg wird es wieder eine rotschwarze Koalition geben. – Im Irak starben mindestens fünfzehn Menschen bei USA-Luftangriffen. Drei Nationalgardisten wurden durch eine Autobombe getötet. Solche Meldungen hören wir uns inzwischen schweigend und kommentarlos an. Manchmal mache ich mir bewußt – was als Grundgefühl immer da ist –, daß dieser Krieg und der Konflikt zwischen Israel und Palästina Teile eines Verhängnisses sind, das auf uns zukommt und für das keiner ein Abwehrmittel kennt, und wenn er es kennte, könnte er es wegen des trostlosen Fanatismus aller Beteiligten nicht anwenden.

Wir sehen dann »Deine besten Jahre«, ein »Familiendrama«, das Dominik Graf 1998 inszenierte und das viele Klischees und Ungereimtheiten, auch überflüssige Dramatisierungen enthält. Martina Gedeck allerdings paßt in die Rolle der betrogenen Witwe viel besser als in die der Brigitte Rei-

mann, die sie kürzlich gespielt hat. Und nach dem »heute jour-
nal« sehen wir sogar noch den USA-Thriller »Ein perfekter
Mord« mit Michael Douglas, den ich, wie ich bald merke,
schon einmal gesehen habe, ohne mich erinnern zu können,
»wie es weitergeht«. Überraschend jedenfalls, und perfekt gemacht. – Nebenbei blättere und lese ich im jüngsten »Freitag«,
der sich auf die sozialen Konflikte im neuen Deutschland kon-
zentriert (»Reichtum vererbt sich, Armut auch«) und vor allem auf die schärfer hervortretende Spaltung zwischen Ost
und West, eben aufgrund der im Osten um sich greifenden Armut und der voraussehbaren Folgen der Hartz-IV-Gesetze,
aufgrund des Grolls im Westen über die immer weitergehen-
den Transferleistungen in den Osten, die nicht den erwünsch-
ten Effekt gehabt haben und haben (weil sie teils in den Westen zurückflossen, teils falsch eingesetzt wurden, wie Edgar
Most, der Ost- und Westbanker, nicht müde wird zu erklären), und, nicht zuletzt, aufgrund kultureller Unterschiede,
die wollen und wollen sich nicht einebnen und beruhen unter
anderem auf unterschiedlichem Verhältnis zum Eigentum. Jedenfalls gibt es im »Freitag« ein Interview mit Lothar Bisky,
dessen PDS in Brandenburg zweitstärkste Partei wurde, was
aber Platzeck nicht daran hindert, wieder mit der CDU, Schön-
bohm, zusammenzugehen. Ferner ein kleiner aufschlußreicher
Artikel, »Kohl und Köhler«: Bei einem »sorgfältig abgeschirm-
ten Wahlkampfauftritt Kohls in Strausberg für die branden-
burgische CDU« sagte der Kanzler der deutschen Einheit:
Das mit den »blühenden Landschaften« habe er doch nur in
der Euphorie der Wendezeit gesagt. Und ferner: »Es gab auch
im Westen in führenden Industriepositionen Leute, die kein
Interesse daran hatten, daß sich die Betriebe in der DDR entwickelten.« Statt dessen hätten manche Konzernlenker nur Interesse an den siebzehn Millionen Konsumenten in der Ex-

DDR gehabt. Produktionskapazitäten brauchten sie nicht, weil es die im Überfluß gab. Köhler, der neue Bundespräsident, schreibt die Zeitung, habe als Kohls Staatssekretär im Finanzministerium alles gewußt und fast alles mitgemacht. Er fege die Verfassungswirklichkeit nun hinweg zugunsten des strengen Gebots der Ungleichwertigkeit aller Lebensverhältnisse.

Wie auch immer: Die Anfang der neunziger Jahre glaubten, die Angleichung der Lebensverhältnisse zwischen Ost und West werde eine Generation dauern, und dafür verlacht und beschimpft wurden, erweisen sich als hoffnungslose Optimisten. Immer wieder wundert es mich, mit welchem Gleichmut die meisten Politiker diese Entwicklung hinnehmen, wie wenig sie erschrecken vor den Gefahren, die sie in sich birgt und die sich ja im Erfolg der Rechten bei den Wahlen in Brandenburg und Sachsen ankündigten. Da wird wieder mit dem Finger auf den Osten gezeigt – aber werden die Gründe für diese Malaise analysiert? O nein. Hier so wenig wie anderswo.

Ein paar Nachrichten sehe ich noch im »Nachtjournal« und muß mich fragen, warum ich nicht endlich meinen Vorsatz ausführe, mich nicht mehr jeden Tag mit diesen Schreckensbildern zu konfrontieren. Es ist Mitternacht. Im Bett lese ich noch ziemlich lange den Anfang des Buches von Barbara Honigmann über ihre Mutter: »Ein Kapitel aus meinem Leben«. Es rührt mich an. Gerd, der es schon gelesen hat, sagt: Wieder ein Beleg dafür, in wieviel verschiedenen DDRen wir damals alle gelebt haben. – Und auch dafür, daß die Vergangenheit nicht tot ist.

Dienstag, 27. September 2005
Berlin

Mitternacht. Wir sitzen noch am Fernseher und sehen den Costa-Gavras-Film »Der Stellvertreter« nach Hochhuths Stück. Ich achte genau darauf: Als es Mitternacht ist, fährt einer dieser Güterzüge durch das Bild, die leer von Auschwitz zurückkommen. Der Kampf des Gerstein um Gehör für sein schreckliches Wissen, die von heute aus vollkommen unverständlichen Ausflüchte seiner Umgebung, aber auch des Papstes, des amerikanischen Botschafters, jeder hat seine eigenen »guten« Gründe, die Nachrichten, die Gerstein übermittelt, entweder nicht zu glauben oder jedenfalls nicht an die Öffentlichkeit zu bringen. Gerstein, der bis zum Hauptsturmbannführer der SS aufsteigt und für die Lieferung des Zyklon B verantwortlich wird, wohl kleine Sabotagen und Verzögerungen bewirken kann, mehr aber auch nicht, während der junge Jesuit Riccardo sich einen Judenstern anheftet und mit auf den Transport nach Auschwitz geht. Gerstein, dem die Amerikaner seine Geschichte natürlich nicht glauben, erhängt sich in seiner Zelle. – Die immer wieder anstehende Frage, wie weit einer in einem verbrecherischen System bleiben darf, um »das Schlimmste zu verhindern«, wie weit einer seinen absoluten Maßstäben folgen soll, bis zur Selbstaufopferung. Deutlich wurde wieder das Problem, Verfolgungs- und KZ-Szenen darzustellen; Gavras hat es wahrscheinlich so »gut« wie möglich gemacht, und doch empfinde ich immer Unechtheit, Peinlichkeit. Ich denke, derartige »Stoffe« können im

Film eigentlich nur dokumentarisch gezeigt werden. Über dem Land, in dem Gerstein lebt, liegt eine düstere Atmosphäre, es ist ein Höllenland. Auch ich habe da gelebt, und ich sehe viele helle Erinnerungsbilder, die sich mir als Kind eingeprägt haben und die später von einem Wissen, das ich als Kind nicht hatte, überschattet wurden. Ich glaube, die meisten Deutschen wollten sich ihre »helle« Erinnerung nicht nehmen lassen und haben sich ihr Leben lang gegen diese allerdings sehr schmerzliche Überschattung gewehrt. Wieder denke ich, die Juden können eigentlich mit den Deutschen nicht mehr zusammenleben wollen.

Nach eins bin ich im Bett, Gerd liest zum zweiten Mal »Zwielicht« von Werner Mittenzwei, ich habe es auch gelesen und so gut wie vollkommen wieder vergessen. So geht es mir jetzt mit allen Büchern, es ist zum Verzweifeln, ich sage: Warum liest man dann überhaupt noch, Gerd meint, etwas bleibt doch immer hängen. Das stimmt vielleicht am ehesten mit solchen Texten. Wie ich einen dann lese, in der Zeitschrift »Gehirn und Geist«: Über das Problem, das Neurowissenschaftler haben, wenn sie bei einem Probanden, der sich freiwillig für ihre Untersuchungen zur Verfügung gestellt hat, im Gehirn eine Anormalität feststellen: Sollen sie ihm das sagen? Einen Arzt einschalten? Man veranstaltet schon Kongresse über diese Frage. – Ich verstehe das Problem aus meiner jüngeren Erfahrung heraus: Als mir der Arzt bei der Ultraschalluntersuchung meiner inneren Organe sagte, irgend etwas sei da mit einem Lymphknoten, eine Ader verlaufe nicht da, wo sie verlaufen solle, das müsse mit einem zweiten bildgebenden Verfahren abgeklärt werden, es könne sich in nichts auflösen, aber er könne eben auch ein Karzinom nicht ausschließen – da brachte er mir für vier Wochen beträchtliche Unruhe ein, bis das andere Verfahren den Verdacht zerstreute.

Und ich war dann so irritiert, daß ich einen dunklen Leberfleck auf der Haut mit schwarzem Verdacht belegte und mich überwand, zur Hautärztin damit zu gehen, die mich vollkommen beruhigte. Das war die Zeit, da mir der Gedanke an den Tod nah und andauernd gegenwärtig war. – Um halb zwei mache ich das Licht aus.

Wenn ich nachts zur Toilette gehe, muß ich, ehe ich wieder einschlafe, an das Interview denken, das ich der »ZEIT« gegeben habe. Formulierungen gehen mir durch den Kopf: Sind sie stichhaltig? Zu weitgehend? Enthüllen sie zuviel von meinen Gedanken, von mir selbst? Ist das Ganze zu politisch? Sie (Stephan Lebert und Bruno Kammertöns) wollten unbedingt am Anfang ein paar Sätze darüber haben, wie ich den Ausgang der Wahlen sehe. Ich sagte: Ich sehe darin eine getreue Widerspiegelung des Zustands, in dem das Land sich befindet: Matt gesetzt. Und charakterisiere am Ende diese Gesellschaft als eine Gesellschaft in der Krise.

Nachts frage ich mich, wie ich das in solchen Fällen immer tue: Hatte ich nötig, dieses Interview zu geben? Aus meiner Deckung herauszutreten? – Mir fällt ein, was Lebert am Vortag zu mir gesagt hatte: Er glaube, ich hätte dadurch, daß ich meine verschiedenen Lebensebenen zusammengebracht habe, eine erstaunliche Lebenskunst entwickelt. Das verblüffte mich. Kann man das als Außenstehender vom Ende her sehen? Vielleicht, wenn man bestimmte Zwischenstücke meines Lebens in der DDR nicht kennt.

Ich erwache aus einem Traum: Ich soll für Kurt Stern ein Zeugnis abgeben. Es muß in der DDR sein. Ich weiß, daß es sich um Kurt Stern handelt, obwohl sein Oberkopf durch eine merkwürdige, oben spitz zulaufende Kappe bedeckt ist. Ich frage mich, wieso ich für Kurt Stern zeugen soll, er ist doch ein alter bewährter Genosse, es müßte eher umgekehrt sein. Mit diesem Gefühl wache ich auf. Ich soll demnächst ein Vorwort zu den Tagebuchaufzeichnungen Kurt Sterns in den ersten Kriegsmonaten in Frankreich schreiben, als er mit vielen anderen Deutschen, auch Antifaschisten, interniert war. Vielleicht drückt der Traum auch mein Unbehagen darüber aus, daß ich jetzt immer öfter als »Zeitzeugin« angefordert werde, weil wir zu denen gehören, die bestimmte Ereignisse noch miterlebt, bestimmte Personen noch gekannt haben. Ich wehre mich dagegen, aber den Tatbestand kann ich nicht leugnen.

Möchte gern früh noch ein Stündchen schlafen, es gelingt nicht, ich stehe um acht Uhr auf. Es verspricht wieder ein sehr schöner Tag zu werden, wir haben schon über eine Woche das herrlichste Spätsommerwetter, während an der amerikanischen Südküste nach dem Hurrikan »Katrina« nun der Hurrikan »Rita« seine Verwüstungen angerichtet hat – nicht ganz so schlimme wie befürchtet, höre ich im Radio. Ich höre, daß man sich bei VW geeinigt hat, den neuen Geländewagen doch in Deutschland zu bauen und nicht in Portugal, die Betriebsleitung konnte die Gewerkschaft mit dieser Drohung erpressen, anscheinend haben sie also Zugeständnisse gemacht. Aber Samsung will eine große Anzahl von Stellen in Deutschland streichen. Später äußert sich Bärbel Höhn von den Grünen zum Abgang von Joschka Fischer aus der Parteipolitik und zur Bewerbung von vier Grünenpolitikern für den Fraktionsvorsitz. In New Orleans dürfen Menschen aus bestimmten, inzwischen vom Wasser freien Stadtteilen in die Stadt zurück. Die Börsen haben auf den Zusammenschluß von VW und Porsche mit Einbußen bei Porsche-Aktien reagiert.

Vor dem Frühstück kurzer Wortwechsel mit Gerd: Soll ich Rührei aus nur einem Eigelb und zwei Eiweiß machen, ich finde, zuwenig Eigelb, er findet: Gerade gut! Also mache ich es. Ich esse eine dunkle Schnitte dazu, geriebenen Apfel und Flocken. Meine übliche Handvoll Tabletten. Tee.

Die Zeitung zeigt auf der Titelseite eine Amerikanerin, die von zwei Polizisten weggetragen wird: Sie hat vor dem Weißen Haus eine Sitzblockade gemacht. Ihr Sohn ist im Irak getötet worden. In der linken Spalte unter der Überschrift »Undiplomatische Mahnerin« ein Bild von Marianne Birthler, die im Eifer des (Wahl-)Gefechts eine etwas willkürliche »Schätzung« abgegeben hatte, wie viele ehemalige IM in der Bundestagsfraktion der Linkspartei sein würden, die von zwei auf über fünfzig Abgeordnete aufgestiegen ist. Sie mußte sich dann korrigieren. Manche, schreibt die Zeitung, sehen in ihr einen »Racheengel«, andere eine unbequeme Mahnerin. Ich denke, mit ihrem hochsensiblen Material könnte sie etwas sensibler umgehen und nicht ihrer Abneigung freien Lauf lassen. Die Schlagzeile: Blaupause für Große Koalition – darauf läuft nun die unentschieden ausgegangene Wahl hinaus. – Porsche übernimmt zwanzig Prozent der Volkswagenaktien. – Ein ehemaliger SPD-Stadtrat soll Willy Brandt bespitzelt haben. – Die Union will mit der SPD nur Koalitionsgespräche führen, wenn Merkel das Kanzleramt bekommt. – Polen hat bei den Wahlen einen kräftigen Ruck nach rechts getan. – Hurrikan »Rita« hat im Südosten der USA ganze Orte plattgewalzt. – Dies nur ein paar Überschriften aus dem Politikteil der Zeitung. Die anderen Teile lasse ich unberücksichtigt.

Honza ruft an, ich hatte ihm am Abend vorher auf Band gesprochen, er ist mitten in der aufreibenden Korrektur seiner Fahnen zu dem endlich erscheinenden Buch (»Schornstein«) und überprüft die Korrekturen seiner Korrektorin – das ist nicht so leicht für ihn, weil er ja in deutsch schreibt, das er zwar sehr gut beherrscht, das ihm aber nicht immer vom Gefühl her die richtige Antwort gibt. Ich spreche mit ihm über die Seite, die er mir gefaxt hatte, und habe sogar noch einen zusätzlichen Fehler gefunden: Er sagt »der Pflaster« anstatt »das Pflaster«.

Ich mache mir noch ein wenig in der Wohnung zu schaffen, blicke bei Gerd aus dem Fenster, er steht unten mit der Hausverwalterin, Frau V., in lebhaftem Gespräch. Es gefällt mir, wie die beiden dort stehen, sie hat ihren schwarzen Hund bei sich, der an seiner roten Leine zerrt, das Licht fällt durch das noch dichte und grüne Blätterdach von der Seite auf sie, ich finde diesen Augenblick kostbar und will ihn mir merken. (Später erfahre ich, daß in den nächsten Tagen unter uns ein Architekt einziehen wird, der auch das Souterrain, in dem bis jetzt die Seniorenstiftung war, als Büro gemietet hat, und daß oben in die leere Wohnung ein junges Künstlerpaar kommen wird. Also wäre das Haus wieder komplett.)

Ich setze mich an den Schreibtisch, um den Ablauf der letzten Tage in meinem Haupt-Kalender nachzutragen, das ist mir wichtig, und ich merke wieder, daß man schon vergißt, was man vor drei Tagen gemacht hat, wenn man es nicht brav jeden Tag notiert.

Dann schalte ich den Computer an und setze mich an diesen Text. Eigentlich sollte ich mein Manuskript, »Stadt der Engel«, endlich aus dem Koffer holen, in dem ich es vor zwei Wochen aus Woserin hergebracht habe: Inzwischen liegt es brach. Nach einer unfruchtbaren Pause, bedingt durch meine diversen Krankheiten und Beschwerden in der ersten Jahreshälfte, nach einer höflich-harschen Kritik von G. an der vorliegenden Fassung, nachdem ich mich in Woserin gut erholt hatte (bis auf eine erschrecklich zunehmende und mich ziemlich lahmlegende Knie-Arthrose), nachdem ich warten mußte, bis sich mir ein neuer Zugang zu dem Text eröffnete, fing der Stoff wieder an, in mir zu arbeiten, ich hoffe, einen neuen Ton gefunden zu haben, eine souveränere Erzählhaltung, zu der ich anscheinend diese vielen Jahre gebraucht habe und die Hunderte von Manuskriptseiten, die schon daliegen. Hier in Berlin gab es nur Abhaltungen, Arztbesuche, Post, nicht zuletzt das Interview mit der »ZEIT«, das mich sehr viel Zeit gekostet hat. Wieder erfuhr ich, daß ich ungeheuer viel redigieren muß, daß ich die laxere Sprechweise meist nicht stehenlassen kann, daß mir die besseren Einfälle eben erst nachträglich kommen. Blöd, damit seine Zeit zu verbringen!

Eine junge Frau ruft an – ich kann es nicht lassen, das Telefon aufzunehmen! –, sie habe sich ein Buch von mir neu schicken lassen, weil ihr altes, in dem mein Autogramm war, ins Wasser gefallen war: Ob sie mir nun das neue zum Signieren schicken darf. Wie ich diese Angewohnheit hasse, mir Bücher unangekündigt zum Signieren zu schicken! Diese junge Frau, die sehr nett zu sein scheint, fragt wenigstens an, und ich kann sie auf meine Lesung in Marbach vertrösten, die ihr sehr gelegen kommt: Sie wohnt in Stuttgart.

Gerd, zurück vom Markt, wedelt mit einem großen duftenden Strauß frischer Minze, die er, nebst anderen frischen Kräutern, bei seinem Kräutermann gekauft hat – der freue sich immer, wenn er komme, ebenso wie die Kartoffelfrau, der er gleich noch andere Gemüse abgekauft hat – man könne doch nicht nur Kartoffeln bei ihr kaufen und wegen Gemüse an einen anderen Stand gehen! – Doch, sage ich, das kann man. – Er sagt: Nein. – Ich: Du bist eben ein anständiger Käufer. Er macht sich sofort daran, zum Mittag eine Minestra vorzubereiten. Mir gibt er eine herrlich knackige Knoblauchgurke in die Hand, ich sitze am Küchentisch, betrachte bewundernd all die Pracht vom Markt um mich herum, esse meine Gurke und bin glücklich. Besser kann es einem Menschen nicht gehen.

Da ruft auch noch Tinka an: Sie ist erstaunlicherweise mal zu Hause, zurück von der Krim, wo sie und eine Freundin von OWEN für Frauen aus vieler Herren Länder ein Seminar gemacht haben, das sehr anstrengend und konfliktreich war, aber eben deshalb vielleicht eines der besten, sagt sie. Sie will morgen nachmittag »bei uns vorbeikommen«, mit Martin, später erneuter Anruf: Auch Anton wolle mitkommen und ein Stück Kuchen abfassen. Sie fahren am nächsten Tag mit einer Gruppe nach Israel, sie will ihrer Freundin Lidia dort zwei Bücher von mir mitbringen, und die »würde sich einen Kullerkeks freuen, wenn ich da meinen alten Otto reinkritzeln würde«. Wir bewerfen uns noch ein bißchen gegenseitig mit anstößigen Bemerkungen, dann erklären wir beide, wir müßten arbeiten und hätten keine Zeit für diesen Unsinn, und legen auf.

Während ich weiter am Schreibtisch sitze, ruft Ulla Berkéwicz an, aus Hanau: Sie wolle den 27. September nicht verstreichen lassen, ohne mich angerufen zu haben. Sie will also rein in den Text. Wir streiten uns, ob sie eine kleine oder eine große Hexe ist. Sie plädiert für »kleine«. Wir stehen auf vertrautem Fuß, noch vertrauter seit ihrem Besuch in Woserin, wo sie sich mir – uns – sehr öffnete. Sie habe sich ein paar Tage vom Verlag frei genommen, um einige anstehende Reden zu schreiben, und weil Unseld morgen Geburtstag gehabt hätte. Man denke immer, das sei doch ein Tag wie jeder andere, aber es sei eben doch ein etwas anderer Tag. Ich nehme mir vor, sie morgen anzurufen.

Die Minestra ist köstlich. Gerd hat extra, nach einem guten italienischen Kochbuch, ein sehr würziges Pesto dazu gemacht, mit viel Knoblauch, das wird über die Suppe gestreut, nebst Parmesan, und dazu besteht er auf einem »Trunk«: Campari / Soda. Gerd hat alles mit großer Lust zubereitet und freut sich an meiner Begeisterung. Soll ich dir mal was sagen? sage ich. Ich habe dich lieb. – Das beruht auf Gegenseitigkeit, erwidert er trocken.

Ich konfrontiere ihn mit drei Fragen, die am Vormittag per Fax bei mir angekommen sind und die die Pariser Wochenzeitschrift »Courrier International« anläßlich ihres fünfzehnten Geburtstages fünfzehn »Persönlichkeiten« gestellt hat:

1.: Was war in Ihren Augen das wichtigste Ereignis in der Welt in den letzten fünfzehn Jahren? (von November 1990 bis heute – außer 11. September 2001?)

2.: Was war für Sie persönlich das wichtigste Ereignis in den letzten fünfzehn Jahren?

3.: Was wird in Ihren Augen das wichtigste Ereignis in den nächsten Jahren sein?

Zu Frage eins möchte Gerd den 11. September nennen, der ja aber ausdrücklich ausgenommen ist. Der Mauerfall ist noch nicht in diesem angegebenen Zeitraum, vielleicht ist der Irak-Krieg das wichtigste Ereignis, oder die Tatsache, daß Deutschland nicht daran teilnimmt. Jedenfalls etwas, was mit dem Konflikt der »christlichen« Kultur mit dem Islam zu tun hat. Aber ein einzelnes Ereignis läßt sich schwer nennen – auch in meinem persönlichen Leben nicht –, vielleicht die Krankheit von Benni im letzten Jahr und seine (hoffentlich) fortschreitende Genesung. Auch die Kampagnen gegen mich Anfang der Neunziger waren »wichtig«, aber sie sind nun schon so lange her, ich empfinde ihre Bedeutung nicht mehr so.

Auch hier würde ich eher verschiedene Ereignisse und Entwicklungen nennen als ein einzelnes Ereignis. Und in der Zukunft? Da rechne ich mit riesigen Konflikten zwischen Arm und Reich – *in* den einzelnen Ländern und international, zwischen armen und reichen Ländern. Die Konflikte mit illegalen Flüchtlingen und mit der zunehmenden Armut im Innern sind nur ein Vorspiel dazu. – Wir suchen positive »wichtigste Ereignisse«, finden sie nicht. Das andauernde wichtigste Ereignis in meinem Leben ist, daß es Gerd und diese Kinder und Enkel gibt. – Die Fragen schwelen den Tag über in mir weiter. Beantworten werde ich sie der Zeitschrift sicher nicht.

Eine halbe Stunde kann ich mich hinlegen, schlafe fest, stehe auf, bereite mich aufs Weggehen vor, sehe, daß ein Anruf auf dem Anrufbeantworter ist: Kammertöns. Er habe noch eine »klitzekleine« Frage, ich rufe zurück, er ist nicht da, erbitte seinen Anruf nach vier. Gehe los, mit Stock – anders kann ich gar nicht mehr laufen, und auch so fällt es mir schwer, sogar das kleine Stück bis zur Kavalierstraße. Ich hadere mit dieser Behinderung, mit diesen Schmerzen, aber dann erinnere ich mich selbst immer wieder daran, daß von all meinen Beschwerden in diesem Jahr nur diese übriggeblieben ist. Honza kommt mir entgegen, dann auch Annette, sie wirkt locker und unangestrengt, sie wollen zum italienischen Lokal essen gehen, wo sie draußen in der Sonne sitzen können. Honza hat den Umschlagentwurf für sein Buch mit, eine Figur, er, steht auf einem Schornstein – mir gefällt dieser Umschlag. Die Frage über die Zeitfolge in einem Satz, die er mir noch stellen wollte, müssen wir verschieben – ich muß den Satz vor mir sehen. Honza sagt, bestimmte Zeiten gebe es in der tschechischen Grammatik nicht, darum sei er im Deutschen dabei unsicher.

Meine Kosmetikerin hat mir zwei Zeitschriften hingelegt, Exemplare der »Freundin«, die ich durchblättere, während sie meine Füße behandelt. Sie erzählt von ihrem Urlaub im Schlaubetal, sie hatten einen Bungalow am Wasser – bestimmt aufgemöbelter DDR-Bungalow, sagt sie, es roch wie im Ferienlager, da gehen sie wieder hin. Diesmal hatten sie nur ein verlängertes Wochenende, auch, weil ihr Sohn dabei sein sollte, und der mußte dann zur Schule. Sie hatten ihn aber wenigstens ein paar Tage in eine andere Umgebung bringen wollen, weil er in der Woche davor mit seiner Gruppe von Rechten überfallen worden war, nachts in Pankow, er gehört zu den »Metals«, die sich schwarz anziehen, aber keine Gewalt ausüben. Die anderen waren auf Gewalt aus, fingen auch an, ihre Mädchen zu treten, da hat ihr Sohn die Polizei angerufen, die war auch schnell da und hat ein paar von den Rechten festgenommen. Nun suchen die überall nach dem, der die Polizei angerufen hat. Er soll im Oktober vor Gericht aussagen, und Frau G. hat Angst, daß er dann bei den Faschos auf der schwarzen Liste ist und die sich an ihm rächen werden. Ich bin sehr beunruhigt, daß dies alles in unserem ruhigen Pankow passierte.

Ich finde in meiner Nummer der »Freundin« einen Artikel, der die jeweiligen Hormone und anderen Wirkstoffe auflistet, die für bestimmte Gefühlszustände und Handlungsweisen des Menschen verantwortlich sind. Zum »Fremdgehen«: Unser Körper vermißt da nicht den anderen, sondern den Wirkstoff PA, der bei einer dauerhaften Beziehung ausgestreut wird. Wir sind in einer Phase, in der die Neurowissenschaften in der Euphorie über ihre Entdeckungen von Gehirnaktivitäten und Wirkstoffen die Verantwortung von Menschen für ihre Handlungen immer mehr zurückdrängen. Wenn eben dieser Botenstoff fehlt, muß man halt fremdgehen. Der andere Mensch fehlt einem ja nicht. (Während ich dies schreibe, komme ich mir selbst anachronistisch moralinsauer vor.)

Das Gespräch geht über zu den Wahlen. Wie öfter in den letzten Tagen höre ich auch von meiner Kosmetikerin, daß sie froh war, daß Schwarz / Gelb keine Mehrheit bekommen hatte. Sie deutet an, sie habe Grün gewählt, die hätten doch in den letzten Jahren einiges Gutes gemacht und die Umweltproblematik brenne uns doch auf den Nägeln. Zu dem Kanzler-Auftritt in der Elefantenrunde, als man ihn ganz enthemmt erlebte, sagt sie, der habe doch bestimmt »was genommen«. Aber da sehe man, daß es denen allen nur um ihre eigene Macht gehe. Ich weiß nicht mehr, wie wir dann aufs Sporttreiben kommen, auf die Schwierigkeit, den »inneren Schweinehund« zu überwinden. Frau G. wird demnächst von einer Physiotherapeutin zu Hause besucht, die ihr Pilates beibringen will, sie will sie fragen, ob sie vielleicht auch zu mir kommen würde, um Übungen mit mir zu machen, zu denen ich mich sonst kaum aufraffe.

Wie immer genieße ich die Fußmassage, gehe dann rüber in die Kosmetikkabine, werde bequem gebettet (mit einem kurzen Erfahrungsaustausch über das beste Kopfkissen, die bevorzugte Lage beim Schlafen), werde vorbehandelt, bis der wichtigste Teil beginnen kann: Die ausführliche und gründliche Gesichts- und Nackenmassage. Während ich danach entspannt liege, treiben Bilder und Gedanken vorbei, wieder mache ich mir klar, daß ich in diesem Jahr einige nicht ganz leichte Eingriffe gut überstanden habe – die Cardioversion gegen das Vorhofflimmern, die Einpflanzung des Herzschrittmachers, den Anfall von Bluthochdruck danach, daß ich froh und dankbar sein kann, nun ist nur noch dieser allerdings sehr lästige Knieschmerz übriggeblieben. Ich döse ein, werde geweckt, ziehe mich an, zahle, gehe, wieder unter Schmerzen, nach Hause. Länger als diese zehn Minuten möchte ich gar nicht gehen.

Ein Fax von der »ZEIT« erwartet mich, sie haben den Beitrag über Konrad Wolf so gekürzt, daß wichtige Teile weggefallen sind. Ich telefoniere lange mit Bruno Kammertöns, mache selbst einen Kürzungsvorschlag, faxe den nach Hamburg, er wird akzeptiert, das Ganze dauert mehr als eine Stunde.

Ein Fax von Honza ist da, der Satz aus seinem Buch, an dessen Zeitform er Zweifel hat. Ich spreche auf seinen Anrufbeantworter, daß der Satz richtig ist.

Die Post liegt auf dem Küchentisch: Aus Chemnitz der dicke wunderbare Katalog von der Carlfriedrich-Claus-Ausstellung, in dem ich einen sehr kurzen Beitrag habe, den die Museumsleiterin in einem Begleitbrief über Gebühr lobt. – Ein Brief von Sonja Hilzinger, die auf unseren Vorschlag in Jena den Caroline-Preis bekommen hat, sich noch einmal dafür bedankt und ihre Dankrede mitschickt, die mir gefällt. – Eine Karte von der Côte d'Azur, von Sue Stern, die ihre Schwester in einem deutschen KZ verloren hat und mich gefragt hatte, ob vielleicht Jeanne Stern diese Schwester gewesen sein könnte. Leider mußte ich das verneinen. Ich hatte ihr mein Buch geschickt, sie bedankt sich dafür. – Einladungen: Zu Veranstaltungen der Akademie der Künste – teilweise in das neue Haus am Pariser Platz, das sich leider als wenig funktionstüchtig erweist. Eine Einladung der Senatskanzlei zu einem Fest, eine Einladung der Staatsoper zu einer Aufführung der Oper »Salome«. Dies alles werde ich nicht besuchen, wegen der Schmerzen im Knie muß ich auch solche Veranstaltungen meiden, zu denen ich ganz gerne gehen würde. Zum Beispiel halte ich mich von Ausstellungen fern, weil ich vor Bildern nicht stehenbleiben kann. Zwar will ich noch durch einen Schmerztherapeuten versuchen, eine Besserung zu erzielen – um nur nicht noch einmal eine Operation auf mich nehmen zu müssen –, aber manchmal denke ich, ich muß mich mit diesem Zustand abfinden. Müßte dann einen Treppenlift einbauen lassen, weil das Treppensteigen jedesmal eine Herausforderung ist, vor der ich mich fürchte. Die Kinder, die alle im dritten oder vierten Stock wohnen, kann ich nicht mehr besuchen.

Ein knappes Stündchen, zwischen sechs und sieben, kann ich mich noch mal an diesen Text setzen, dann ruft Gerd zum Abendbrot. Es gibt einen sehr wohlschmeckenden Cocktail aus frischer Minze und Rum, einen von Gerds berühmten Vorspeisentellern, die ihm selber immer wieder Spaß machen, und geräucherte Makrele. Das und die Stunden danach sind die Tageszeit, auf die ich mich schon immer freue – eine Zeit des reinen Konsums. – Die Fernsehnachrichten können keinen Fortschritt der Verhandlungspartner in Richtung auf eine Große Koalition vermelden, aber daß es auf die hinausläuft, wird allgemein anerkannt, die Kommentatoren sagen voraus, daß Schröder sich werde zurückziehen müssen, eventuell auch Angela Merkel. Bis jetzt bestehen beide Parteien auf der Kanzlerschaft. Im Nahen Osten wird der gerade geräumte Gaza-Streifen von den Israelis wieder bombardiert, weil sie von dort aus mit Raketen beschossen worden waren. Übermorgen werden Tinka und Martin mit einer Gruppe nach Israel fliegen ...

Es gibt einen Krimi, bei dem wir bleiben, obwohl wir ihn eigentlich scheußlich finden, mit viel Gewalt usw. (habe ihn, da ich dies zwei Tage später schreibe, schon vergessen und schlafe zwischendurch mal ein, was mir jetzt, nach der Manier alter Leute, öfter passiert). Spät dann noch eine der in hoher Blüte stehenden Talkshows: Staatsangehörigkeit: deutsch. Lebensgefühl: Ost. Unter Herrn Stölzls Regie unterhielten sich vier Leute: Jens Bisky, der gerade ein sehr skeptisches Buch zur deutschen Einheit geschrieben hat, Katrin Saß, die seit ihrer Rolle in »Good bye, Lenin!« etwas wie eine Fachfrau für DDR-Fragen geworden ist, eine Frau Rellin, die aus dem Westen kam, aber als Journalistin über den Osten berichtet, und

Lothar de Maizière. Das war ganz interessant, weil es zeigte, wie stark die Fragen nach der »mentalen« Einheit der Deutschen immer noch anstehen und ungelöst sind – wobei ich mich frage, wie sollten die auch »gelöst« werden. Inzwischen ist allgemein anerkannt, daß im Vereinigungsprozeß »Fehler« gemacht wurden, daß die Westdeutschen und die Ostdeutschen einander nicht kannten und auch jetzt noch kaum kennen, der Mißbrauch, der mit den Stasi-Akten getrieben wurde, wurde auch erwähnt, Katrin Saß sagte, sie wollte die sofort sehen, sei am meisten von ihrer engsten Freundin bespitzelt worden, das werde sie nie vergessen und der nie verzeihen, de Maizière meinte, irgendwann wolle er einem aus dem Osten einfach so gegenübertreten, wie der sich heute verhalte. Der Haupttenor war, daß die Ostdeutschen allmählich wieder zu einem Selbstbewußtsein fänden, das ihnen durch die Dominanz der Westdeutschen im Vereinigungsprozeß ausgetrieben worden war. Ich frage mich, ob man vor fünfzehn Jahren jemandem geglaubt hätte, der uns prophezeit hätte, daß fünfzehn Jahre später immer noch solche Diskussionen stattfinden würden? Man hätte sich an den Kopf gefaßt.

Im Bett lese ich noch ein Stück in McEwan: »Saturday«, ein gerade hochgelobtes Buch, es wird, da es einen Tag schildert, mit James Joyce und Virginia Woolf verglichen. Nun ja – es ist der Tag im Leben eines Engländers der oberen Mittelklasse, eines Neurochirurgen. Anscheinend hat McEwan sich vorgenommen, nicht nur dessen ganzes Leben (in Rückerinnerungen), sondern auch das gegenwärtige politische Bewußtsein und Weltbild eines gebildeten Mitteleuropäers nach dem 11. September 2001 zu porträtieren. Das führt dazu, daß manches erzwungen und kalkuliert wirkt, und nichts spontan. Ich lese also die ausführliche Erinnerung dieses Henry an eine Operation, die er am Tag zuvor gemacht hat und über die der Autor sich bis in alle medizinischen Einzelheiten, in alle Fachausdrücke informiert hat. Das ist natürlich glänzend, sogar bewundernswert – aber ist es auch nötig? Übrigens ist es der Tag der größten Massendemonstration in London gegen den bevorstehenden Irak-Krieg, zu dem der Protagonist ein gespaltenes Verhältnis hat, weil er den Mörder und Folterer Saddam weghaben will. Ich denke an mein eindeutiges Verhältnis *gegen* diesen Krieg damals, als er bevorstand, und an meine Aktivitäten dagegen. Haben wir angesichts der katastrophalen Lage im Irak recht behalten? Oder ist die Lage auch damals so katastrophal gewesen, daß weder Recht noch Unrecht Begriffe waren, auf die man sich noch beziehen konnte? Ist unsere Welt heute in dieser Lage? Wäre das die Antwort auf die Frage, was in meinen Augen das wichtigste Ereignis in den nächsten fünfzehn Jahren sein wird? Wie so oft bei Zukunftsvisionen denke ich: Da werde ich nicht mehr dabeisein.

Ich schlafe schnell ein.

Mittwoch, 27. September 2006
Berlin

Es ist zwei Minuten nach Mitternacht, ich liege im Bett, lese die letzten Sätze eines Aufsatzes von Dietmar Dath in der FAZ: »Science-fiction in nüchternen Versen« über den Literaturwissenschaftler und Dichter William Empson, ein Mann, von dem ich nie gehört hatte, der 1906 geboren wurde und wohl in den Achtzigern starb und über den Dath natürlich kenntnisreich und klug schreibt (was ich seit der zwiefachen Lektüre seines letzten Buches »Dirac« in diesem Sommer auch von ihm erwartete). Die letzten Sätze, mit denen mein Tag also begann, lauten: »Wovon man nicht sprechen kann, darüber muß man schweigen« – über den vielzitierten Schlußsatz von Wittgensteins »Tractatus« schrieb Empson: »Die Einsamkeit dieses Satzes in seinem Kontext ist der Inbegriff der Schwäche unserer Generation. Konnte Romeo denn nicht geschrieben werden? Sind die Lieder und Sonette etwas, wovon man nicht sprechen kann? Was die Philosophie nicht zu bestimmen weiß, legt die Kunst offen.«

Ich übe mich darin, schnell einzuschlafen, obwohl ich sehr müde bin, gelingt es nicht gleich. Bilder von den Tagen im Rheingau treiben vor meinem inneren Auge vorbei, besonders drängen sich Szenen von der Aufführung der Oper »Kein Ort. Nirgends« vor, welche die Hochschule für Musik in Mainz besorgt hatte, eine ganz junge Regisseurin, die die beiden Paare Gunda-Bettine, Savigny-Wedekind in wechselnden Kostümen über die Bühne – in dem Fall, in der Brentano-Scheune, durchs Publikum – trieb, teils albernd, teils unmotiviert erotisiert, während Kleist ein bißchen schwachsinnig schien und die Günderrode in Liebeshändel verstrickt war. Über der ganzen Aufführung hing ein Honecker-Bild, und einmal mußte der arme Kleist sich plötzlich eine DDR-Fahne um den Kopf binden. Am Ende trieben die beiden, Kleist und Günderrode, die sonst nicht viel miteinander zu tun hatten, in einem kahnartigen Sarg davon, wobei Günderrode einen Bikini mit Bommelbesatz trug. Schließlich wurden sie in Leichensäcken von zwei Reinemachfrauen, die auch keine Funktion hatten, über die Bühne geschleift. Bettine die meiste Zeit in einem superkurzen Dirndl. – Später schnappte ich Bemerkungen auf, aus denen ich mir zusammenreimte, was gemeint war: Die Bühnengesellschaft sollte die drei Zeitphasen durchlaufen: 1804, wenn das Stück spielt, 1977, als es geschrieben wurde, und 2006, Gegenwart. Was herauskam, war gequirlte Kacke. – Die Musik allerdings schien mir intelligent zu sein, der sehr junge Musiker, der Kleist ähnlich sah und auch einen Sprachhemmer hatte wie der, schien nicht nur begabt, sondern auch zu wissen, was er will. (Inzwischen sind einige Rezensionen eingetroffen, die alle wesentlich milder und verständnisvoller mit der Inszenierung umgehen – vielleicht haben wir, des Buches wegen, falsche Erwartungen?)

Ich erwache zum ersten Mal um fünf Uhr, erinnere eine kleine Sequenz aus einem längeren Traum: Mir gegenüber steht eine jüngere sympathische Frau, unter dem Arm hat sie einen von diesen metallenen Brätern, in denen man zum Beispiel Fisch oder Fleisch im Ofen braten kann, sie sagt, anscheinend als ihren Namen: Majewski. Ich sage, ich habe ja auch einen polnischen Namen, der auf -ski endet. Ich schlafe nach einiger Zeit wieder ein. Als ich um sieben erwache, habe ich leider den langen Traum, den ich hatte, vergessen, ich sehe nur das Gesicht eines jüngeren Mannes, von dem ich weiß, daß er bei uns gut beköstigt werden soll. (Beide, die Traum-Frau und den Traum-Mann, sehe ich jetzt noch vor mir, am Nachmittag des nächsten Tages, an dem ich diese Aufzeichnungen mache.)

Um 7 Uhr 30, früher als sonst, stehe ich auf. Prüfe meine Haare, schiebe die Haarwäsche bis zum nächsten Morgen auf. Dusche und so weiter, die üblichen Morgenverrichtungen. Sehe im Kalender nach, ob heute das Schmerzpflaster schon fällig ist: Nein. Erst am Donnerstag. – Mir fällt ein, was ich mir für den Beginn eines jeden Tages vorgenommen habe, seit ich in Woserin öfter mit depressiven oder ängstlichen Stimmungen aufgewacht bin: Ich sage mir mehrmals inständig: Mir geht es gut. Ich bin froh, daß es diesen neuen Tag gibt. – Übrigens scheint es nach einer Phase sehr warmen Nachsommers ein etwas kühlerer, jedenfalls bedeckter Tag zu werden, nicht unwillkommen.

Frühstück. Am Anfang wie immer die sieben Tabletten, dazu eine Magnesium, eine Vitamin, eine Grünlippmuschel (Wahnsinn!). Haferflockensuppe. Frau Bieber kommt, heute ist keine Zeit, über ihr Ergehen seit der letzten Woche, über ihre operierte Tochter und deren Freundin, über das Bauernhaus, das sie sich gekauft haben, zu sprechen.

Nachrichten: Große Aufregung um die Absetzung der Mozart-Oper »Idomeneo« durch die Intendantin der Deutschen Oper, Kirsten Harms, die vom Kriminalamt eine Warnung bekommen hat: Am Ende der Neuenfels-Inszenierung dieser Oper werden die abgeschlagenen Köpfe von Prometheus, Jesus, Buddha und Mohammed auf die Bühne gebracht. Nach den bösen Erfahrungen mit den ausufernden Protesten der Islamisten nach den Karikaturen in einer dänischen Zeitung und dem (unglücklichen) Zitat des Papstes fürchtete man –

und nicht nur und nicht zuerst Frau Harms – Anfeindungen von Islamisten. Nun will es natürlich keiner gewesen sein. Innensenator Körting, der die Intendantin über eine »anonyme Warnung« informiert hatte, hat natürlich mit der Absetzung der Oper nichts zu tun, OB Wowereit, der Bescheid wußte, findet sie falsch, alle Künstler schreien nach der Freiheit für die Kunst, aber niemand hätte Frau Harms die Garantie geben können, daß nichts passieren würde, wenn die Oper gespielt worden wäre. Man wirft ihr Feigheit vor. Ich bin eher entsetzt darüber, daß wir in einem Land leben, in dem ihre Angst berechtigt ist, daß die Islamisten tatsächlich schon eine solche Macht ausüben. – Zufällig heute beginnt eine von Innenminister Schäuble einberufene Islamkonferenz, auf der dieser Vorgang auch zur Sprache kommen soll.

Gerd holt die Post: Eine Einladung zu einer Lesung, die ich wie fast alle derartigen Einladungen nicht annehmen werde. Ein Katalog von Lands' End. Die Zeitung von Longo Maï. Werbung für ein Arthrose-Mittel, die geradezu Wunderdinge verspricht und mich vielleicht sogar verführen würde, weil ich immer noch hoffe, ein Mittel zu finden, das es mir ermöglicht, wieder schmerzfrei zu laufen, dann lese ich aber, daß, wer Probleme mit der Schilddrüse hat, das Mittel nicht nehmen soll. – »Gesicht Zeigen!« erinnert mich an noch ausstehende Beitragszahlungen.

Dr. Bernd Hontschik, bei dem und bei dessen Frau Claudia wir am Sonnabend in Frankfurt/Main gefrühstückt haben, erinnert sich – und mich – daran, daß ich, als seine Frau von ihrer Arbeit in der Systemischen Psychologie erzählte, bei der es hauptsächlich um positives Denken geht, danach fragte, ob es also keine Tragik gebe, nach Meinung dieser Therapie. Darüber würden sie immer noch weiter reden, schreibt H. (Irgendwann an diesem Vormittag waren wir auf Todeserwartungen zu sprechen gekommen, und Claudia Hontschik sagte: Eigentlich muß man sich wundern, daß die älteren Leute nicht auf die Straße laufen und schreien, angesichts des nahen Todes, der ihnen bevorsteht. Ich konnte ihr nur zustimmen: So empfinde ich das auch: »Im Warteraum des Gevatters.«) Er schreibt ausführlich über die Reihe »medizinHuman«, die er bei Suhrkamp herausgibt und in die er gerne mein Buch »Leibhaftig« aufnehmen würde. (Ich weiß nicht, ob das günstig wäre.) Wir, Gerd und ich, verständigen uns, daß eigentlich Honzas »Schornstein« gut in diese Reihe passen würde und daß wir es Hontschik schicken wollen, ebenso wie »Älter werden« von der Bovenschen – womit ich gezögert hatte, weil Claudia Hontschik auch Multiple Sklerose hat. (Hontschik: Wenn ich ihr zusehe, wie sie früh aufsteht, zerreißt es mir jedes Mal das Herz.)

Ein Brief von einem Professor, der mich daran erinnert, daß er mich, als wir in Greifswald im Hotel »Kronprinz« beim Frühstück saßen – nach der Abendveranstaltung für Wolfgang Koeppen –, um eine Signatur in »Ein Tag im Jahr« gebeten habe, nun bedankt er sich dafür, daß ich nicht unwirsch reagiert habe, und will sich mir vorstellen. Er war Mediziner, zog nach der Emeritierung in seine Heimatstadt zurück. Er schreibe mir so familiär, weil die Lektüre von »Ein Tag im Jahr« den Leser zum Familienmitglied mache. Er sei am meisten beeindruckt davon, wie ich »seit Jahrzehnten« versucht hätte, »auf dem schmalen Grat zu balancieren, den ein autokratisches Regime zwischen Freiheit und Tyrannis ließ«. Die Utopie könne »nirgends funktionieren, weil sie die banale Natur des Menschen« verkenne. »Alles, was sozial, sittlich und edel an uns ist, müssen wir uns gegen unsere triebgesteuerte Natur sehr mühselig erarbeiten.« Da habe Freud wohl recht gehabt. Er habe mir im Hotel »Kronprinz« spontan gesagt, daß ich für ihn über Jahrzehnte die Hoffnung auf eine andere DDR verkörpert habe – daran erinnere ich mich natürlich nicht, und wenn es so war, so weiß ich gar nicht, ob mich das freuen soll . . . Meine Auseinandersetzung mit Alter, Tod und Sterben rühre in ihm eine vertraute Saite an. »Die Vertrautheit mit der Unausweichlichkeit, die einem zu keiner Zeit die Freude am Leben nehmen muß, ist es für mich, die mir wirkliche Freiheit auch vor der letzten Angst gibt.« Etwas Vergleichbares glaubte er in meinen Tagebuchaufzeichnungen wiederzuerkennen. – Ich weiß doch nicht. Jedenfalls hat mich gerade der letzte Sommer gelehrt, daß ich keineswegs angstfrei bin und daß der Tod durchaus seinen Schrekken für mich hat . . . Er schreibt noch ausführlich über Patienten, wie verschieden die eine Diagnose »Krebs« aufnehmen, und er glaubt, ich hätte in bezug auf den Umgang mit »den letzten Dingen« »viel gelernt« . . . Ich weiß doch nicht. – Ein langer, schöner Brief.

Mittagsschlaf, wie immer dringend herbeigesehnt, beide sind wir immer mittags sehr müde. Ich habe den Eindruck, daß es sich beim Niederlegen in meinem Kopf etwas weniger dreht als in den letzten Tagen. Gerd schläft wie immer schnell ein, ich lese noch die »Berliner Zeitung«. Schlagzeilen: Opern-Absetzung empört bundesweit – man läßt die Intendantin allein im Regen stehen. – Franzosen wünschen sich viele Kinder. – Mohammed und die Freiheit der Kunst. – Der Tip (über angebliche Gefährdung) kam anonym von einer Besucherin. – Franziska Eichstädt-Bohlig ist die derzeit prominenteste Grüne. – Terroristen in ihrem Machtgefühl bestärkt zu haben ist der schlimmste Vorwurf, den man der Intendantin machen muß. – Tony Blairs Abgang rückt näher. – Der Gesundheitsfonds wird gestutzt. – Union im Umfragetief. – Schlecht ausgebildete Teenager häufiger schwanger. – Bund der Steuerzahler wirft Behörden Verschwendung von dreißig Milliarden Euro Steuergeldern vor. – Verbände kritisieren Einladungspraxis der Islamkonferenz. – Verteidigungsminister Jung will die Bundeswehr Ende November aus dem Kongo zurückziehen. – Bulgarien und Rumänien dürfen 2007 in die EU, jedoch mit beispiellosen Auflagen. – Brasiliens Präsident Lula hat beste Chancen auf Wiederwahl. – Der US-Klimaforscher Wallace Broecker sieht nur eine Rettung vor der Klimakatastrophe durch Erderwärmung: »Wir müssen das CO_2 zu einem vernünftigen Preis aus der Luft herausholen.« – Musikunterricht fördert Hirnentwicklung. – Die Debatte über das Anti-Dopinggesetz wird erbitterter geführt als der Kampf gegen Doping selbst. – Palast-Abriß ist ein Fall für die Kripo. – Berlin nach der Wahl. Am Freitag entscheidet der Landesvorstand der SPD über den künftigen Koalitionspartner (Grüne oder wie bisher Linkspartei, beide gleich stark). – Ein Hotel und neue Bürohäuser – Wettbewerb zum Lehrter Stadtquartier am Hauptbahnhof entschieden. – Dokudrama und Patriotenoper in einem: Der Film »World Trade Center« von Oliver Stone. – Neonazis – Bericht über die Störung eines Abendessens vor einem Café durch zwei Radfahrer, die dicht an den Gästen vorbeirasen, der eine laut rülpsend, der andere »Heil Hitler!« schreiend. (Bei den Wahlen vor vierzehn Tagen kam die NPD in den Landtag von Mecklenburg-Vorpommern und in einige Berliner Stadtparlamente.) – Ein Psychologe untersucht mit der Quick-Dating-Methode die Partnerwahl von Singles. – ARD verteidigt Verschiebung von »Wut« auf einen späteren Sendetermin – ein Fernsehfilm, in dem ein türkischer junger Gewalttäter eine deutsche Familie terrorisiert, die Fernsehoberen befürchten negative Reaktionen von in Deutschland lebenden Türken. – New Orleans erwacht (nach der Überflutung): Im Superdome wird wieder Football gespielt. – Jeden Tag führt die Zeitung uns vor Augen, daß wir in einer wahnsinnigen Welt leben, die mit großer Beschleunigung auf eine Selbstzerstörung zutreibt. Ich wundere mich wirklich, daß so wenige Menschen das bemerken und daß wir anderen, die es bemerken, uns daran gewöhnt haben.

Ich schlafe eine Dreiviertelstunde, wache mit der sehr anschaulichen Erinnerung an einen merkwürdigen Traum auf: Ich bin mit Gerd in einem neutralen Raum, er führt einen Becher zum Mund und will etwas trinken, da sehe ich, wie er das nicht schafft, wie er ganz langsam zur Seite sinkt, ich verfolge diese Bewegung mit Schrecken, dann bricht er zusammen. Ich laufe zu ihm, schreie um Hilfe, merke, wir sind ja eigentlich in einem Krankenhaus, da sind doch Ärzte, Schwestern, aber sie achten nicht auf mich, laufen vorbei, es gelingt mir mit Hilfe eines Pflegers, Gerd auf eine fahrbare Trage zu hieven, ihn in ein Zimmer zu bringen, auf ein Bett zu legen, dabei immer vergebens um Hilfe rufend, es kommt sogar ein Arzt mit mehreren Schwestern vorbei, ich kenne den doch, nenne ihn »Dr. Waldeyer« – so hieß mein Gynäkologe in Karlshorst, in den fünfziger Jahren –, der rennt achselzuckend weiter, Gerd geht es immer noch nicht gut, aber er beginnt zu erwachen, und auf einmal ist auch der Arzt bei ihm, der Angstdruck weicht von mir. – Ich erzähle Gerd diesen Traum nicht, weiß nicht genau, warum nicht.

Ich lese noch die letzte der Poetik-Vorlesungen, die Peter Bichsel 1982 in Frankfurt hielt, der er den Titel gab: »Geschichten, die das Leben schrieb«. Literatur, davon sei er überzeugt, sei Wiederholung. Er erzählt dann eine Geschichte, die mit dem Satz beginnt: »Noldi ist ein Schriftsteller«, um an ihr zu beweisen: Nichts ist erfunden an dieser Geschichte, aber sie entspricht in fast nichts der Wahrheit. Bei wirklichen Schriftstellern werde »der Leser entdecken, daß es dem Autor nicht einfach um Inhalt, sondern um die Reflexion, um das Erzählen und um die Methode des Erzählens geht. Im Gegensatz dazu betrügen Trivialautoren ihre Leser dadurch, daß sie nur Inhalte vermitteln.« Ich dagegen, denke ich, lege sehr wohl viel Gewicht auf den Inhalt meines Schreibens. Zu viel?

Nicht so weit ab von dieser Problematik ist die Ansicht, die Imre Kertész vertritt, den ich, während ich mich umziehe (da wir ja abends zu Tinkas Party gehen wollen), im Bücherjournal des Deutschlandfunks höre. Er äußert sich zu seinem letzten Buch »Dossier K.«, in dem er anscheinend seine bisher geschriebenen Bücher einer Prüfung unterzieht, indem er das Geschriebene vom Gelebten unterscheidet und scheidet. Nun ist ja dieses »Was ist ›wahr‹« in der Literatur einer der rätselhaftesten Vorgänge, und bei einem Mann, der so skrupulös ist wie Kertész, ist diese Frage sicher immer gegenwärtig. Er geht so weit zu sagen, daß man ja nicht wissen könne, ob es diese Krankenbaracke in Buchenwald, über die er schreibt, wirklich gegeben habe, bis – ich glaube aus Anlaß der Nobelpreisverleihung – ein Mann ihn angesprochen habe, der mit ihm zusammen in dieser Baracke gelegen und ihm also bestätigt hat: Es gab sie. – Und ich muß wieder an mein angstbesetztes Manuskript über die Stadt der Engel denken, das so langsam vorrückt, vielleicht auch, weil sich der Stoff, der doch einfach »da« zu sein scheint, Jahr für Jahr verändert und ich gar nicht sicher bin, ob ich ihn in seiner endgültigen, was hieße: »wahren« Gestalt erwische. Da es das letzte Wichtige ist, was ich schreiben werde, scheine ich mich zu überfordern. Lasse mir übermäßig viel Zeit, ohne zu wissen, ob ich die wirklich noch habe. Und oft, wenn ich sehe, was die Jungen schreiben, frage ich mich, wieso mein Schreiben – der Inhalt und der Gehalt dieses Schreibens – »wichtig« sein soll.

Wir trinken Tee, essen ein halbes Mohnbrötchen, von Gerd

selbst hergestellte Marmelade. Er ist sehr beschäftigt mit der Vorbereitung seiner Ausstellung, die im November in der Akademie und in unserer Galerie sein wird. Es ist jetzt gegen siebzehn Uhr. Ich setze mich zum ersten Mal an diesem Tag an meinen Schreibtisch, aber nur, um aus einer Modezeitung diejenigen Modelle herauszuschneiden und auf eine Pappe zu kleben, die ich für Tinka bestellt und noch nicht bekommen habe und die ich ihr anstelle der wirklichen Kleidungsstücke mitbringen will. Dann sind die Kartoffeln gar, die wir aufgesetzt haben (sogenannte »Hörnchen«), und ich beginne, sie zu pellen, für den Thüringer Kartoffelsalat, den wir Tinka zu ihrer Überraschungsparty mitnehmen wollen. (Gerd ist diesen ganzen Tag und auch schon am Tag vorher damit beschäftigt, »seinen« Prenzlauer-Berg-Autoren hinterherzutelefonieren, um sie für die diversen Lesungen, die er am Rande seiner Akademie-Ausstellung machen will, zu verpflichten. Abenteuerliche Erfahrungen mit falschen Telefonnummern usw. Er ist heftig beschäftigt und nervös.) Gerd kommt dazu, er mischt den Salat mit Zwiebeln, Essig, Öl, Pfeffer, Salz, Brühe – es wird eine ganz schöne Schüssel voll.

Was ich seit Tagen aufgeschoben habe: Ich setze mich hin und unterschreibe den Generalvertrag mit Suhrkamp, den außer mir Georg Reuchlein von Luchterhand und Ulla Berkéwicz von Suhrkamp unterschrieben haben. Nun ist also mein Übertritt in den anderen Verlag perfekt – ein Vorgang, mit dem Luchterhand sich so schwer getan hat und der wahrscheinlich keine materiellen, wohl aber ideelle Vorteile für mich bringt: Ich will nicht bei diesem Mammut-Konzern Random House sein; ich kann die Vorteile nutzen, die die einzelnen Sparten von Suhrkamp für die Wiederaufnahme verschiedener Bücher von mir sind. Und ich habe freundschaftliche Beziehungen zu Suhrkamp-Mitarbeitern – allen voran zu Ulla Berkéwicz, zu der wir in kurzer Zeit eine wirkliche Freundschaft entwickelt haben.

Es bleibt mir noch Zeit, auf zwei DIN-A4-Seiten Erinnerungsnotizen zu machen für die Ausarbeitung des »Tages«, an der ich nun schon den dritten Tag sitze. Elke Erb ruft an – deren Nummer auch sehr kompliziert zu ergattern war –, sie ist bereit, an der Lesung mitzuwirken. Sie erzählt mir von ihrer Trigeminus-Neuralgie, die sie mit Akupressur zu bekämpfen sucht, und davon, daß sie über Ilse Aichinger schreiben soll, deren letztes Buch, »Unglaubwürdige Reisen«, sie allerdings nicht kennt. Wir versprechen, es ihr zu schicken.

Wir sehen noch die Neunzehn-Uhr-Nachrichten im Fernsehen, alle sind also der Meinung, man hätte die Mozart-Oper nicht absetzen dürfen, ich bin wütend auf die Heuchler. Dann wird das Ergebnis der neuesten Untersuchung über den Stand der Wiedervereinigung verkündet, durch den Minister Tiefensee, der zugleich Verkehrsminister ist. Also: Die »neuen Länder« haben auf sehr lange Zeit keine Aussicht, die alten Bundesländer einzuholen in bezug auf Wohlstand, Industrialisierung usw. Obwohl seit 1993 mehr als zwanzig Milliarden Euro von den alten Ländern in die neuen reingepumpt wurden. Eine unvorstellbare Zahl, die, so unkommentiert vermeldet, bei den Leuten im Westen natürlich Unverständnis, Hohn, ja Wut auslösen muß: Der Osten kann eben nicht wirtschaften. Wieviel von diesen Milliarden an Westunternehmer ging, in den Westen zurückfloß, wird natürlich nicht untersucht (die Erneuerung der Infrastruktur natürlich zumeist durch West-Unternehmer!). Und: Daß zuerst, im frühen Prozeß der Wiedervereinigung, der Osten deindustrialisiert wurde – nicht zuletzt aus Konkurrenzgründen. Heute hat ein westdeutscher Müllentsorger die ganze Müllentsorgung unserer Region in Mecklenburg-Vorpommern »unter sich«, sein

Sohn, heißt es, hat die Felder der ehemaligen Genossenschaft, jetzt GmbH, gekauft. Beide wohnen auf einem sanierten Schlößchen in unserer Nähe. Die Landarbeiter arbeiten von März bis Oktober, dann gehen sie in die Arbeitslosigkeit und werden vom Steuerzahler bezahlt. Der Herr hat die Leute aus dem Dorf durch ein Fest mit Freibier bestochen, die finden ihn jetzt einen »feinen Kierl«. –

Meine Fußpflegerin erzählte mir neulich, die Zeit, als sie in der DDR in einer Verpackungsfabrik an der Maschine arbeitete, sei die schönste in ihrem Leben gewesen: Wegen der Solidarität unter den Arbeitern. – Aber die Restriktionen! sagte ein Westmensch, dem ich das erzählte. – Daß die »einfachen« Leute heute mehr Angst vor der Arbeitslosigkeit haben, als sie früher vor der Stasi hatten, geht ihm nicht in den Kopf. Sie haben es geschafft, sich einen lückenlosen Unterdrückungsstaat zurechtzuzimmern. Sie brauchen das dringend, sonst wäre ja die Art und Weise, wie die Einheit »vollzogen« wurde, ein Verbrechen. Und all das, was jetzt über die früheren und über die jetzigen Verbrechen der CIA über den Bildschirm und über die Print-Medien geht, kann diese Überzeugung nicht mehr ins Wanken bringen. Anscheinend will es auch nicht in den Schädel der meisten Menschen in der westlichen Welt, daß Mr. Bush, der den Irak-Krieg im vollen Bewußtsein auf Grund von Lügen lostrat, ein ungleich schlimmerer Verbrecher ist, als die wenig mächtigen Obrigen in der DDR es je hätten sein können. Aber er gilt weiterhin als zu achtender Führer der westlichen Wertegemeinschaft, von »freedom and democracy«. Dabei ist er nichts als eine Puppe in der Hand der Vertreter jener Konzerne, die an der Globalisierung interessiert sind.

Eine alarmierende Meldung: Der Kernkraftbetreiber hat beantragt, das älteste Kernkraftwerk der Bundesrepublik, das im nächsten oder übernächsten Jahr vom Netz gehen sollte, in Betrieb zu lassen: Dies könnte der Anfang vom Ende des Atomausstiegs der Bundesrepublik sein, der doch eigentlich beschlossen ist. Die Grünen schreien auf. – Ich nehme mir vor, das Formular für einen Stromanbieter, der atomfreien Strom garantiert, auszufüllen, das mir die Leute vom »Ulenkrug« mitgegeben haben. Mir ist unverständlich, wie man für diese – atomare – Stromerzeugung sein kann, wo doch noch gar keine Lösung für die Endlagerung der immer noch strahlenden Abfälle gefunden ist.

Nach halb acht kommt Annette, ohne Honza, der sehr starke Rückenbeschwerden hat, am Vormittag aber doch beim Gericht in Potsdam war, wo zum soundsovielten Mal die Frage behandelt wurde, ob seine Krankenkasse die Kosten für seine nun seit zwölf Jahren andauernde Apharese-Behandlung bezahlen muß. Zum zweiten Mal erläßt der Richter das Gebot, die Kasse habe zu zahlen – allerdings erst vom nächsten Quartal an, nicht rückwirkend. Ob sich die Kasse diesem Urteil nun endlich beugen wird, muß man abwarten, immerhin wäre es eine riesige Erleichterung, wenn Annette und Honza nicht weiterhin jeden Monat viertausend Euro aufbringen müßten. Annette sagt, sie hätten in den sechs Jahren, da die Kasse nicht gezahlt habe, mit Hilfe von Angehörigen und Freunden etwa 100.000,00 Euro für die Behandlung bezahlt – die für Honza lebensnotwendig ist, was die Kasse nicht anerkennt, weil es wegen der geringen Zahl der von dieser Krankheit Betroffenen keine statistischen Erhebungen über die Wirkung der Apharese – Blutwäsche – gibt.

Ich ziehe mir die rote Leinenbluse mit den Pailletten an, die ich noch nie anhatte, es ist warm genug, ohne Jacke zu gehen, nur mit dem dünnen Anorak. Annette hat für Tinka eine schöne große Ledertasche, in der sie Akten, auch eine Wochenendausstattung unterbringen kann. Immerhin ist es ihr fünfzigster Geburtstag, den alle etwas ernster nehmen als einen gewöhnlichen Geburtstag. Wir fahren zusammen zur Brunnenstraße, sehr mühsam klettere ich die drei Treppen hoch, die Überraschung ist geglückt: Tinka hatte keine Ahnung von der heimlich durch Martin einberufenen Party, wir sind die ersten und finden sie in ihrem neu renovierten Zimmer inmitten von Papierstößen auf der Erde sitzen: Sie hatte noch aufräumen wollen, ehe sie am nächsten Tag mit unbekanntem Ziel verreisen würde – niemand hat ihr verraten, daß sie zu einer Pina-Bausch-Aufführung nach Wuppertal fahren werden.

Mit uns zusammen kommen Margit und Malinka die Treppe hoch, da schwant Tinka, was ihr bevorsteht, hinter ihrem Rücken von Martin organisiert. In Windeseile legt Martin zwei große Platten auf Böcke im Wohnzimmer, ein langer Tisch ist entstanden, auf den stellen die Neuankömmlinge ihre mitgebrachten Eßwaren: Wir also den Thüringer Kartoffelsalat und Kaßler, zwei Flaschen Champagner werden gleich aufgemacht, Annette Schinken, Margit eine Käseplatte, Hannelore, Tinkas »Chefin« bei DARE, eine aus feinstgeschnittenem Rinderfilet und Rucola bestehende Vorspeise, Heike, die Mitbewohnerin bei Tinka und Martin, hat unter Vorspiegelung falscher Tatsachen eine Soljanka gekocht, später kommen Ruth und Hans Misselwitz noch mit einer Kürbissuppe, Joanna, eine polnische Kollegin von OWEN, bringt eine Nachspeise. Andrea kommt aus Woserin, Jutta Seidel, die Zahnärztin, ist da, Ute Gölitzer, die im letzten Jahr achtundzwanzig Pfund abgenommen hat und mir die Adresse ihrer Ernährungsberaterin gibt. Außer Joanna und Heike kennen wir alle Freunde von Tinka, mir gefällt, daß wir auch zu ihnen eine gute Beziehung haben, eine große Bereicherung. – Zu unserer großen Freude erfahren wir – durch Tinkas Schuld verspätet –, daß Uta und Olaf in Tarnowitz glücklich ihr so heiß ersehntes Baby, Luca, bekommen haben, und lassen sie hochleben.

Der Vorschlag kommt auf, jede und jeder solle erzählen, wann und auf welche Weise er Tinka zum ersten Mal getroffen habe. Da bin ich denn natürlich die erste, erzähle, daß Gerd selbst in Mahlow im Krankenhaus lag, ich also alleine war, meine Freundin Rachel zu mir gebeten hatte, die aber schlief, als nachts die Wehen begannen, daß ich ein Taxi rief, die Freundin weckte, losfuhr – zu gleicher Zeit war ja der Aufstand in Ungarn –, nach Kaulsdorf, in die Klinik, wo die Liege, auf die man verbracht wurde und auf der man stundenlang ausharren mußte, elend hart war; erzähle, daß Tinka sich natürlich (!) die Nabelschnur um den Hals gewickelt hatte, daß sie gegen zehn (oder war es nicht eher elf?) am Vormittag geboren wurde, leider weiß ich weder bei ihr noch bei Annette die genaue Uhrzeit, daß der Gynäkologe – eben jener Dr. Waldeyer – sagte: Ach, sie hat ja schon ein Mädchen!, und dann ganz erleichtert war, daß ich sie, als man sie mir auf die Brust gelegt hatte, begrüßte: Na, Katrinchen! – Wir reden darüber, daß damals manche Väter nicht in die Klinik kamen, wenn sie erfuhren, daß ihnen kein Sohn geboren war, und daß deshalb die Schwestern am Telefon das Geschlecht des Neugeborenen nicht nennen durften. Wir müssen uns erst erinnern, daß Gerd Tinka ein paar Tage später sah und sie mit »Nasenkönig« begrüßte, während er zu Annette gesagt hatte: Sieht aber ulkig aus. Und Annette erinnert sich daran, daß ihr Trauma gegenüber der Schwester ausgelöst wurde, dadurch, daß sie wegen Keuchhusten und der Ansteckungsgefahr lange bei der Oma bleiben mußte und, als sie dann endlich zu uns kommen durfte, die kleine Schwester mit Mundschutz im Kinderwagen im Garten ansehen durfte, worauf die anfing zu brüllen. – Und ich muß wieder daran denken, wieviel ich damals, einfach aus Unkenntnis, falsch gemacht habe, besonders bei Annette.

Martin. Er hat Tinka zum ersten Mal bei einem Geburtstag von Helga Paris, der Fotografin, gesehen. Sie fiel ihm auf, aber da war sie mit Ralli da. Sie verloren sich wieder aus den Augen, bis sie sich ein Jahr später bei dem gleichen Anlaß wieder trafen. Tinka saß auf dem Bettrand und klopfte auf den Platz neben sich: Er solle sich zu ihr setzen. Daß er zögerte, und was er dabei für ein Gesicht machte, gab ihr den Gedanken ein: Mit dem könnte es etwas werden. Aber er war ja noch anderweitig gebunden, und einmal, erzählt sie, saßen sie dann ja auch zu dritt zusammen.

Manche haben Tinka über Martin und durch den Friedenskreis kennengelernt, Ruth und Hans waren gekommen, nachdem sie im Wahllokal erklärt hatten, warum sie nicht zur Wahl gingen, und hatten sich mit Martin beraten wollen, was nun zu tun sei, da war Tinka bei ihm – schon in dieser Wohnung in der Brunnenstraße. Ute war von Tinka angesprochen worden, ob sie mit »in die Regierung« – in jenes Frauenministerium bei der Noch-DDR-Regierung – kommen würde, bei dem Marina Staatssekretärin und Tinka ihre Assistentin war. Margits Geschichte habe ich vergessen. Joanna hatte sich bei OWEN beworben und ein Einstellungsgespräch mit Tinka geführt, vor dem sie große Angst gehabt hatte und das dann für sie sehr erfreulich verlief. Andrea war in der Gruppe des »Neuen Forum« in Mitte mit Tinka und Martin zusammengetroffen – wie überhaupt sie alle, soweit sie nicht aus dem Westen kamen, sich in den letzten Monaten und Jahren der DDR in kritischen Zirkeln und Kreisen bis hin zu Untergrundkreisen getroffen hatten.

Ob sie ihrer Jugend nachtrauerten, frage ich sie. Alle sagen:

nein. Jutta sagt, sie habe sowieso nicht in die Politik gehen, sondern immer das machen wollen, was sie jetzt mache; auch Andrea sagt das. Ruth war 1981 gerade als Pfarrerin nach Pankow gekommen, da sagten ihr die Leute vom Friedenskreis: So. Das ist jetzt unsere Kirche.

Wie unterschiedlich, um wieviel lebendiger die Zeit, da sie um die dreißig waren, bei ihnen verlaufen ist als bei uns, bei mir!

Um Mitternacht wird noch eine Flasche Sekt geöffnet, wird angestoßen, mir fällt ein, daß zum ersten Mal Tinkas und Martins Kinder nicht dabei sind – Helene seit einigen Tagen auf der »London School of Economics« in London, Anton, nach einem Sommerpraktikum als Umweltschützer auf der Insel Föhr, bei seiner Freundin Jana in einem Dörfchen mit unaussprechbarem Namen bei Hamburg, auf dem Sprung, nach Berlin zurückzukommen und an der FU Japanologie (!) zu studieren. – Wir sitzen noch fast eine Stunde zusammen, dann fahren wir, wieder mit Annette, nach Hause. Bin sehr müde, um halb zwei im Bett. War doch eigentlich ganz schön, sagt Gerd, ehe er sich zur Wand dreht und einschläft. Ich blättere noch in dem Buch von George Steiner: »Warum Denken traurig macht«. Lese das Motto von Schelling (»Über das Wesen der menschlichen Freiheit«, 1809), das ich an den Schluß setzen will:

»Dies ist die allem endlichen Leben anklebende Traurigkeit, die aber nie zur Wirklichkeit kommt, sondern nur zur ewigen Freude der Überwindung dient. Daher der Schleier der Schwermut, der über die ganze Natur ausgebreitet ist, die tiefe unzerstörliche Melancholie alles Lebens.

Nur in der Persönlichkeit ist Leben; und alle Persönlichkeit ruht auf einem dunklen Grund, der allerdings auch Grund der Erkenntnis sein muß.«

Donnerstag, 27. September 2007
Berlin

Es ist achtzehn Uhr, jetzt fange ich an, nach Notizen, diesen Tag zu rekonstruieren. Es läßt sich erkennen, daß er von einem zentralen Thema beherrscht ist, das schon um Mitternacht angeschlagen wurde, als ich im Fernsehen noch ein Stück des Films »Herr Zwilling und Frau Zuckermann« sah, einen Dokumentarfilm, den ich schon einmal gesehen hatte, ohne mich daran zu erinnern: Das geht mir jetzt mit fast jedem Buch, mit fast jedem Film so – warum sieht und liest man eigentlich noch? – Herr Zwilling und Frau Zuckermann leben in Czernowitz – wo ja auch Paul Celan gelebt hat –, sie gehören zu den überlebenden Juden, die aus den Konzentrationslagern in ihre Stadt zurückgekehrt sind. Die Kamera zeigt einmal eine Zusammenkunft dieser Menschen, fast alle älter bis alt, ein Häufchen altmodisch gekleideter Männer, weniger Frauen, mit ernsten, in sich gekehrten Gesichtern, ohne Hoffnung, empfand ich, aber das wage ich ihnen nicht nachzusagen. Menschen aus einer anderen Welt, aus einer anderen Zeit. Einmal, als die ganze Stadt von einer Höhe aus gezeigt wurde, in die östliche Ebene hingebreitet, hatte ich das Gefühl, so würden Nachgeborene eine versunkene Zivilisation vorfinden.

Herr Zwilling ist von beiden der Pessimist, beide haben Schüler, denen sie Unterricht geben (waren sie früher Lehrer? Ich habe das nicht verstanden, weil ich schwerhöriger werde und beim Fernsehen oft etwas nicht verstehe, das nimmt zu).

Der riesengroße jüdische Friedhof der Stadt, dicht bei dicht die aufgerichteten Steine. Gräber werden aufgebrochen, anscheinend versprechen sich die Räuber irgendeine Beute. Auch die Gräber der Familien Zwilling und Zuckermann. Frau Zuckermann erzählt, wie ihre Familie ins Ghetto getrieben wurde, in einen Schweinestall, wie sie in den Schweinekoben hausen mußten und wie in wenigen Wochen ihr Vater, ihre Mutter, ihr Mann und ihr Sohn starben. Sie hatte Fleckthyphus, war bewußtlos, anscheinend haben Menschen sie gefüttert, so daß sie überlebte. Wenn mir vor fünfzig Jahren jemand erzählt hätte, daß einmal Deutsche zu mir kommen würden und ich mit ihnen darüber reden würde . . ., sagt sie. In einer Veranstaltung singt sie mit einem schönen Sopran ein jiddisches Lied.

Eine Schulklasse. Kinder aus jüdischen Familien, in denen es keine Ahnung von der Religion mehr gibt. Die Feiertage werden nicht begangen, Kerzen zum Schabbath nicht angezündet. Viele wollen anscheinend weg, die junge Lehrerin bedauert das sehr. Auch hier wieder: Ein Schulunterricht, der an die Schule bei uns in den fünfziger Jahren erinnert.

Es war halb eins, ich hätte den Film gerne weiter gesehen, aber er war noch lang, und mir fielen die Augen zu. Ins Bett. Der neue Schlafanzug gefällt mir. Ich lese noch – das Thema setzt sich fort – in dem ersten Buch von der israelischen Autorin Lizzie Doron: »Warum bist du nicht vor dem Krieg gekommen?«, auch das habe ich schon mal gelesen und vergessen. In den Tagen davor las ich das nächste von ihr: »Der Anfang von etwas Schönem«. Das erste ist offenbar autobiographisch: Über ihre Mutter Helena, Geschichten über sie in einem südlichen Viertel von Tel Aviv, in dem nur polnische Auswanderer-Familien leben, in denen mindestens ein Mitglied im Lager war, wie auch Helena. Wie diese Erfahrung in ihr jetziges Leben hineinwirkt; wie sie die Menschen verändert hat. Wie sie von Sehnsucht nach ihrem polnischen Heimatort beinahe aufgezehrt werden. Wie sie die Zerstörung, die das Lagererlebnis in ihnen angerichtet hat, an ihre Kinder weitergeben müssen. Und wie dies das Verhältnis zwischen den Generationen stört – dies besonders in ihrem zweiten Buch beschrieben, das weniger autobiographisch ist. Bei mir wieder dieses Gefühl von Hoffnungslosigkeit – wie soll das je, auch nur ansatzweise, geheilt werden? Ich habe das Gefühl, daß es immer schlimmer wird. Aber vielleicht ist gerade das, muß ich eben denken, die Voraussetzung dafür, daß es – ja was denn: »besser« werden kann? Ich weiß es nicht.

Nachts, wenn ich aufstehen muß, lese ich immer mal ein Kapitel aus dem Buch von Lizzie Doron, schlafe dann weiter. Gerd liest gerade das Büchlein von Gumprecht: »›New Weimar‹ unter Palmen«, über die Schicksale der deutschen Emigranten in Los Angeles – ich brauche diese Lektüre für den Abschnitt, an dem ich mit meinem Manuskript gerade angelangt bin.

Um acht Uhr stehe ich auf, gehe vor Gerd ins Bad, meistens ist die Reihenfolge umgekehrt. Morgenritual, da stellt sich zwanghaft die Frage ein: Wie lange noch? Wie oft noch? Aus dem Radio die ersten Nachrichten des Tages: In Burma hat nun also die Junta angefangen, die Demonstrationen der Mönche und von Teilen der Bevölkerung gewaltsam aufzulösen. Neun Tote. Und das wissen wir schon: Von außen kann man nicht eingreifen, die Oppositionellen sind ihrem Schicksal überlassen. Eine UN-Resolution ist am Veto Chinas gescheitert. Sanktionen, nun ja, aber der Machterhalt ist den Machthabern wichtiger. Nur China könnte Einfluß nehmen. – Reaktionen auf die Rede der Kanzlerin Merkel vor der UNO, die auf Maßnahmen gegen den Klimawandel besteht. Zumeist achtungsvolle Äußerungen: Sie ist wohl begabter als Außenpolitikerin denn als Innenpolitikerin.

Ich übergehe die eigentlich fällige Haarwäsche, ziehe die Kleidung an, die ich schon seit Tagen trage, alles aus Bequemlichkeit. Mache das Fenster auf. Frische, kühle Luft, bedeckter Himmel, regnerisch. Der Herbst. Einzelne Abschnitte an den sonst noch grünen Bäumen beginnen zu vergilben. Unten liegt schon eine ganze Menge trockener Blätter. Noch ist die gegenüberliegende Seite vom Amalienpark durch das Laubwerk der Bäume verdeckt, das ist immer mein Test.

Zum Frühstück. Gerd hat Eier im Glas gemacht, was ich liebe. Er sitzt schon über der Zeitung. Ich muß meine ganzen Pillen aus den Ummantelungen herauslösen, aus den Plastedosen herausschütten: Sieben zur Grundversorgung, etliche als Zusatznahrung – die nichts bewirken, weder gegen die Arthroseschmerzen noch fürs Abnehmen, und doch bestelle ich immer wieder neue, wenn eine neue Anpreisung mir ins Haus kommt. Und sie kommen massenweise.

Gerd liest im »Berliner Blatt«, daß in diesem Jahr schon dreizehn Fahrradfahrer durch rechts abbiegende Autos getötet wurden. Es ist sein Alptraum. Außerdem: Berlin sei die Stadt, in der die meisten Autos gestohlen werden, und zwar neuerdings ältere Modelle.

Einige Schlagzeilen: Tote bei Protesten in Burma. – Die Welt in Lautschrift (die wird dem Bush in seine Redemanuskripte reingeschrieben, weil er sonst die fremden Namen nicht aussprechen kann. Ist über Internet in die Welt posaunt worden.) – Stimmungsumschwünge vor der Wahl (in Polen). – Union gegen Mindestlohn für Briefträger. – Reform der Erbschaftssteuer verzögert sich. – 5,7 Milliarden Euro gegen Aids, Malaria, Tbc. – Irans Präsident will UN-Resolution ignorieren. – Unterhalt nach Scheidung kann befristet wer den. – Jedes vierte Kind fühlt sich häufig krank. – Lehrer verzweifelt gesucht (in Berlin). – Blauzungenkrankheit gefährdet Tierparks. – Platte Reifen für ein besseres Weltklima (Umweltaktivisten lassen massenhaft Luft aus Autoreifen). – Die NPD kommt nicht nach Rauen. – Drehverbot für Hollywood in Sachsenhausen. – Steinzeitbauern bewässerten ihre Felder. – Balsam für kranke Gelenke. (Ein neues Mittel. Gilt anscheinend leider nur für Arthritis, nicht für Arthrose. Und muß auch früh angewandt werden: Bei mir ist es aber inzwischen so weit, daß ich das Laufen überhaupt scheue und den neuen Treppenlift eben auch nicht dafür benutze, jeden Tag runterzufahren und dann ein Stück zu laufen.)

Im Feuilleton: Rezensionen zu dem neuen Film mit Jodie Foster. »Die Fremde in dir«, eine Frau, Zeugin eines Mordes. Muß ihr Leben verteidigen, indem sie selbst tötet – wird als fragwürdiges Modell beschrieben. – Akademie der Künste erwirbt Otto-Nagel-Archiv. – Die Erkaltung des Herzens – Rezension zu Julia Francks neuem Roman »Die Mittagsfrau«. (Er würde »Scheinwelten« schaffen.) – Distanz nach allen Seiten: Zu Peter Merseburgers Augstein-Biographie, die Gerd sehr gut findet. – »Ach Quatsch, ich wollte an Weiber ran« – Bekenntnisse von Harald Schmidt in der »ZEIT«. – Wieder nur eine falsche Spur: Foto aus Marokko zeigt nicht die vermißte Madeleine.

Ungewöhnlicherweise kommt so früh schon – es ist erst zehn Uhr – Paketpost, ein Paket aus Woserin, in dem Andrea (als »Frau Klein«) uns Post nachschickt. Einen Brief und Gedichte von Blanche Kommerell, die fälschlicherweise dachte, ich sei in Ahrenshoop in der Reha-Klinik, und mir gute Besserung wünscht, eine Leserin schickt ein Buch, in dem sie ihre »Psychosen verarbeitet«, und ich sehe mit einigem Unbehagen, wie sich diese Erlebnisberichte von Lesern, die sicher gar nicht uninteressant sind, wieder bei mir stapeln. Und ich nicht dazu komme, sie zu lesen und darauf zu reagieren, was die Absender natürlich erwarten.

Zu meiner Überraschung, die ich mir aber nicht anmerken lasse, hat Gerd sich bei Walbusch ein weißes, hochgeschlossenes Hemd bestellt, eine Art Frackhemd, und Stoffproben, die in einer Art Broschüre erscheinen, die er wieder zurückschicken muß! Er verkündet, daß es zum Mittag »Geschnetzeltes mit Gemüse« geben werde, ein eigenes Rezept! Das Gemüse hat er schon rausgelegt, nun fängt er an, die Putenbrust zu schnetzeln und anzubraten.

Ich gehe durch die Wohnung, mache die Betten, öffne alle Fenster. Vom Wohnzimmerfenster aus sehe ich unten eine blonde junge Frau vorbeigehen, mit weißer Jacke und schwarzer Hose, neidvoll sehe ich, wie sie mühelos läuft, als sei das selbstverständlich.

Ich tröste mich: Als ich so alt war wie sie, konnte ich das auch.

Auf dem Sims vor meinem Fenster liegen drei schön geformte gelbe Lindenblätter. Das ist der Herbst, denke ich. Ein Wind geht, die Blätter im Garten rauschen, als würde es regnen.

Es ist elf Uhr. Wie meistens sitze ich so spät erst am Schreibtisch. Wie immer muß ich eine Hemmung überwinden, um an den Text heranzugehen, der seit fast zwei Wochen – seit wir aus Woserin zurückgekommen sind – »ruht«. Zuerst schnappe ich noch eine Nachricht auf: Innenminister Schäuble hat das Geld für die Radweltmeisterschaft in Stuttgart storniert – wegen der Dopingkalamitäten dieses Sports. – Dann hole ich mir einen Termin beim Ohrenarzt, der mir wahrscheinlich ein Hörgerät verschreiben muß – erst Mitte November. Dann ruft Annette noch an: Na, wie geht's. –

Sie arbeitet heute erst nachmittags. Nein, so richtig schön ist es nicht alleine – Honza hat ein dreimonatiges Aufenthaltsstipendium in Wiepersdorf –, sie sei nicht dazu geschaffen, alleine zu sein. Ach, das trübe Wetter störe sie nicht, im Gegenteil: Sie ärgere sich immer, wenn draußen schönes Wetter ist und sie drinnen sitzen muß. Sie will noch Tinkas Nummer in Hamburg haben, um ihr morgen gratulieren zu können. Sie selbst muß nach Jena, einen Vortrag halten, und werde dann das Wochenende in Leipzig verbringen.

Noch eine Abhaltung erlaube ich mir: Hanjo Kesting hat ein Buch geschickt, das er im Wallstein Verlag herausgegeben hat. »Begegnungen mit Hans Mayer. Aufsätze und Gespräche«. Ich blättere, stoße in einem Gespräch auf den Begriff »DDR-Literatur«, auf Kestings Frage: Wie groß war der Anteil der Intellektuellen und Künstler am politischen Wandel? Mayer weist auf die Französische Revolution hin, ihre gedankliche Vorbereitung durch die Aufklärer. »Ich glaube, ganz ähnlich sind die Dinge in der DDR verlaufen. Natürlich haben die Künstler die Ereignisse nicht ›gemacht‹, aber sie haben ihren Anteil daran... Und die Kundgebung auf dem Alexanderplatz mit Autoren wie Christa Wolf, Stefan Heym, Christoph Hein war ein großer Augenblick...« Kein Kommentar.

Endlich hole ich mir meinen »Stadt-der-Engel«-Text auf den Bildschirm. Gestern habe ich in alten Tagebüchern gelesen, daß ich schon damals, 2004, mich des Herumtrödelns, der Faulheit, der Angst vor dem Manuskript bezichtige. Fast tröstet mich das: So liegt darin vielleicht nicht nur subjektives Unvermögen, sondern eine Art von unvermeidbarer Gesetzlichkeit? Ich lese den letzten Abschnitt: Die Fahrt mit Therese und Peter Gutman »zu den Häusern der Emigranten«. Hat so nicht stattgefunden: Nicht mit diesen Begleitern, sondern mit Herrn Schnauber, aber ich wollte nicht noch eine Person einführen, und ich wollte Gelegenheit zu Gesprächen schaffen, die eben nur mit diesen Personen möglich waren: Gehört zu dem immer zunehmenden Erfindungsrausch, skrupellos weiche ich, je länger, je mehr, von der schlichten naturalistischen »Wahrheit« ab, das werden die Protagonisten, wenn sie sich in diesem Text finden, mit Befremden zur Kenntnis nehmen. Ich suche einen Anschluß für dieses Kapitel.

Telefon: Bin ich dort richtig beim Friseur Wolf?

Im Radio: Sechzehn Nationen beraten auf Einladung von Präsident Bush über die Senkung der Emission von Treibhausgasen (Deutschland der siebtstärkste Verschmutzer!). Bush verhindert gemeinsame, von der UNO verabredete Maßnahmen und setzt auf technische Verbesserungen und auf neue Atomkraftwerke. »Ab heute beginnt eine neue Epoche der Menschheit!« – Die Geldsumme für Kriegsausgaben hat er im Haushalt für das nächste Jahr beträchtlich erhöht. Ein hoffnungsloser Fall – die Einsicht der Amerikaner, daß man das Luxusleben so nicht weiterführen kann, wird sehr, vielleicht zu spät kommen.

Es ist halb zwölf. Mich überfällt unabweisbare Müdigkeit, wie kann man um diese Zeit schon so müde sein. Ich sinke auf meinem Schreibtischstuhl zusammen, schlafe ein – vielleicht zehn Minuten. Schrecke auf, als Gerd reinkommt und fragt: Wie ist das Fremdwort für Rechtschreibung? – Orthographie! stammle ich geistesgegenwärtig. Und er, mißtrauisch: Orthographie? (Mein Computer akzeptiert die Schreibweise mit »f« anstatt mit »ph« nicht, er unterstreicht sie vorwurfsvoll mit seiner roten Wellenlinie.)

Gerd bricht auf zu seinem alltäglichen Einkaufsgang, um den ich ihn beneide, ich wende mich wieder meinem Text zu. Es gibt eine Liste, auf der die Episoden aufgeschrieben sind, die ich eigentlich noch unterbringen muß, aber ich merke, daß zuviel Stoff da ist, den ich noch beseelen und organisieren muß und den ich wohl nicht vollständig unterbringen kann. Den Engel werde ich hin und wieder auftauchen lassen – ob das geht? Ob das bleibt?

Ach, Radio. Große Brandrodungen in Brasilien, bei denen viel CO_2 entsteht. Wieviel Obst und Gemüse muß man täglich zu sich nehmen – fünf Portionen, etwa sechshundert Gramm. Schaffe ich wohl nicht immer. Dann werden alle Krankheiten aufgezählt, gegen die Obst und Gemüse helfen oder vorbeugen, es ist fast alles, was uns bedroht.

Gerd bringt die Post, ein großes Paket, hauptsächlich Kataloge, es werden immer mehr, da sie sich anscheinend die Adressen gegenseitig verkaufen: »Börsenblatt«, Jokers, Eurotops, Torquato – in diesen Katalogen zu blättern und Zeichen zwischen die Seiten zu legen gehört zu meinen Lieblingsbeschäftigungen. Die zweite Masse der Post besteht aus Einladungen zu Ausstellungen, das ist unglaublich, wie viele Künstler an wie vielen Tagen in wie vielen Galerien ausstellen. Drittens sind fast immer Spendenaufrufe dabei, heute für die verhungernden Kinder Afrikas, natürlich mit Überweisungsschein, den ich ausfülle. Dabei denke ich: Wenn die verdammten Regierungen auf der Welt ihre Rüstungsausgaben einstellen oder wenigstens um die Hälfte vermindern würden, könnte der Hunger auf der Welt beseitigt werden.

Eine Karte von Nuria aus Spanien, ein verlockendes Foto »der Köstlichkeiten, die uns hier festhalten«. »Nur die Seele rutscht gelegentlich in den Keller«, schreibt sie, »aber das mediterrane Licht erhellt sogar tiefe Tiefen.« Ich weiß, daß sie manchmal depressiv ist und daß sie das möglichst wenig zeigt, um so mehr erstaunt und beunruhigt mich dieser Satz. Auch eine der Frauen, mit der ich gerne noch enger befreundet wäre. Sie hat am gleichen Tag Geburtstag wie ich.

Ich blättere im »Freitag«: Ein Nachruf auf André Gorz. Vor wenigen Tagen las ich eine ausführliche Rezension seines gerade erschienenen schmalen Buches: Ein Brief an D., also ein Liebesbrief an seine Frau, mit der er seit über fünfzig Jahren zusammenlebte. Beide konnten sich nicht vorstellen, den oder die andere zu überleben – sie war seit Jahren schwer krank. Dann kam, vorgestern, die Nachricht, sie hätten sich beide gemeinsam das Leben genommen. Das traf mich. Er, der radikal und, wie ich glaube, richtig gedacht hat, wird als scheu und schüchtern beschrieben, er habe ganz leise gesprochen. In einem anderen Nachruf wird angeregt, man solle doch seine Bücher, die zu Unrecht ziemlich vergessen seien, jetzt wieder lesen: Sie seien von großer Voraussicht auf das Schicksal der Arbeitsgesellschaft und des Kapitalismus.

Gerd kommt wie immer schwer bepackt vom Einkauf, er habe »Spezereien« mitgebracht: Körner, die man auf Salate streuen könne, Sternanis, Kurkuma, Chili-Pulver und noch einige andere Tüten und Döschen. Er steuert auf das Mittagessen zu: Zu dem Gemüsegeschnetzelten werden die Nudeln aufgewärmt, die vom letzten Mal im Kühlschrank stehen. Es schmeckt.

Ich blättere in den neuen Katalogen, um halb drei lege ich mich hin: Erleichtert, und wie immer mittags sehr müde. Lese noch in dem Buch von Lizzie Doron. Ich schlafe dann. Wache, wie manchmal jetzt, mit einem Schrei auf. Höre in der Küche den Rest der Büchersendung: Von Jurek Becker ist ein Band mit Aufsätzen erschienen. Ich höre seine Stimme, und manche Begegnungen steigen in mir auf. Er war ein integrer Mensch. Ich höre, sein Vater habe nach dem Buch »Jakob der Lügner« lange nicht mit ihm gesprochen: Die dummen Deutschen kannst du über das Ghetto täuschen, habe er gesagt. Mich nicht. Ich war dabei.

Wir trinken im Wohnzimmer Tee, Gerd hat ein Stück »Kalten Hund« mitgebracht, jenes Gebäck, das aus Schichten von Keksen und Schokolade in Kokosfett besteht, das ich immer zu den Kindergeburtstagen gemacht habe, ich erkenne den Geschmack, esse aber nur ein winziges Stück, es ist sehr fett.

Dann packe ich die Geschenke für die Tinka-Familie ein, in der ja alle innerhalb von zehn Tagen Geburtstag haben. Tinka hatte sich ihre Geschenke aus einem Katalog selbst ausgesucht, Martin bekommt den obligatorischen Pullover, Anton ein Buch über Tokio, wohin es ihn, den Japanologen, sicher mal ziehen wird, und Helene einen großen afrikanischen Beutel, beide Kinder dazu einen Obolus, weil sie was zum Anziehen brauchen.

Dann nehme ich die wöchentliche Messung meines INR-Wertes vor, immer ein bißchen gespannt, aber er ist in Ordnung: 2,6. Man hat mir gesagt, wegen des Herzschrittmachers müsse ich immer den Blutverdünner Falithrom nehmen, also auch immer die INR-Werte messen: Verhütung von Thrombosen. Das Alter fordert seinen Tribut.

Noch eine Verrichtung, ehe ich wieder an den Computer gehen kann: Ich fülle das Formular aus, mit dem ich von dem Stromanbieter Vattenfall zu Lichtblick wechsle, der Strom nur aus regenerativen Quellen erzeugt: Wasser, Biomasse, Sonnenenergie, Windkraft – ohne Kohle und ohne Atomkraft.

Bis achtzehn Uhr mache ich Korrekturen auf den letzten Seiten von »Stadt der Engel«, ich sehe die Straßen von Pacific Palisades, die wir rauf- und runterfuhren, das Netzwerk, das die einzelnen Punkte – die Häuser der Emigranten – miteinander verknüpfte. Eine einmalige Anhäufung von Geist und Kultur.

Um neunzehn Uhr, wie meistens, die ersten Abendnachrichten im Fernsehen: Die Befreiung des deutschen Ingenieurs, der seit Wochen in Afghanistan in Geiselhaft ist, ist mißglückt. – Burma: Brutale Eingriffe der Junta gegen die Demonstranten. – Eine hohe Geldsumme ist auf der Geberkonferenz in Berlin zum Kampf gegen gefährliche Infektionskrankheiten in den Ländern der Dritten Welt freigegeben. – Vor dem Abgang Stoibers in Bayern. – Der Ex-Minister Kanther bekommt eine mildere Strafe wegen Untreue: Nur Geldzahlung, danach ist er nicht vorbestraft und bezieht seine Pension in voller Höhe weiter. – Eine Kommission hat in vielen Schulbüchern Fehler gefunden – was auch mit dem unseligen föderalistischen Bildungssystem zusammenhängt. – Die deutschen Fußballfrauen spielen am Sonntag gegen Brasilien.

Ich sehe noch den Anfang des Vorabendkrimis, da kommt Martin, er holt die Geschenke für seine Familie ab, morgen fährt er mit Anton nach Hamburg, Helene kommt aus Brüssel angeflogen, dann werden sie übers Wochenende ihre vier Geburtstage feiern. Durch Tinkas neuen Arbeitsplatz in Hamburg bilden sich andere Schwerpunkte in der Familie, aber gewiß keine Ausdünnung ihrer innigen Verbindung.

Martin sagt, er arbeite an seiner Rekonvaleszenz nach der wenig erfreulichen Arbeit an der Hauptmann-Gedenkstätte in Erkner, er sehnt sich danach, wieder »Kunst« machen zu können. Er ißt mit uns Abendbrot, Familiennachrichten werden abgefragt, Martin war bei einer Ausstellung versammelter Galerien im Wedding und sagt, meistens könne er mit den Ausstellungsobjekten wenig anfangen. Wir blättern in einem Katalog, in dem eine Kunstauktion angekündigt wird, zum Teil mit großen Namen. Auch Carlfriedrich Claus ist dabei, Gerd spricht wieder von seinem Plan, ihn durch eine Biographie populärer machen zu wollen, aber kein Verlag will einen solchen Text: Sie rechnen sich aus, daß er sich nicht gut verkaufen wird. Es wäre genau die Arbeit, die Gerd in den nächsten Jahren fesseln würde und die ihm entspräche. So ist er zwar immer beschäftigt, manchmal sogar sehr stark, aber es fehlt ihm diese zentrale Aufgabe. Das bekümmert mich.

Als Martin geht, regnet es stark, er nimmt sich fürs Rad eine Regenhaut von uns mit.

Im Fernsehen sehen wir uns ein Stückchen von einem alten Krimi an, der zu Ehren von Jürgen Roland gezeigt wird, der gestorben ist, dann schalten wir auf ARTE, da gibt es »Zabriskie Point« von Antonioni. Das ist ja nun der richtige Abschluß und paßt zum Hauptthema dieses Tages. Ich habe den Film schon mal gesehen, in Los Angeles, entsinne mich aber nicht, wo genau und bei welcher Gelegenheit. Auch an den Film selbst erinnere ich mich kaum, nun sehe ich genau hin: Die Straßen von Los Angeles, der Campus, auf dem die Studenten demonstrieren, dann die lange, lange Wüstenfahrt des Mädchens und der tollkühne Flug des Jungen. Ihr allzulanges Liebesspiel im Wüstensand. Das unvergeßliche Bild mit den vielen Paaren, die plötzlich um sie herumliegen – eine Vision. Die Einblendungen von konsumierenden Normalverbrauchern. Der unnütze, tragische Tod des Jungen, als er das Flugzeug zurückbringt. Und schließlich der böse Blick des Mädchens, der, was er fixiert, in die Luft jagt: Diese ganze tote Konsumzivilisation, die alles Junge, Lebendige zerstört und gegen die es, so sagt es der Film, nichts anderes gibt als Gegenzerstörung.

Ich glaube, Antonionis Diagnose war richtig. Heute sind die Tatbestände noch verschärft, da unsere tote Kultur von einer vielleicht »barbarischeren«, jedenfalls lebendigeren Kultur angegriffen wird, dem Islamismus. Eigentlich haben bei solchen Kämpfen in der Geschichte immer die vitaleren Angreifer gesiegt, und die müde Endzeitkultur ist unterlegen. Sollte es diesmal anders verlaufen? Weil wir – noch – die schrecklicheren Waffen haben? Ich weiß doch nicht. Mein Zukunftsbild ist nicht freundlich.

Das alles geht mir im Kopf herum, als ich im Bett liege. Es ist nun schon nach Mitternacht. Auch dieser Tag ist vorbei.

Sonnabend, d. 27. September 2008, mein

Tag des Jahres

gewesen, das war ein Sonnabend, an dem ich auf
einem Zweibeinenaufenthalt zwischen zwei Krankenhausaufenthalten zu Hause war, die Wunde wurde
als „fast geschlossen" angesehen, aber das Knie schwoll
immer mehr an, trotz Lymphdrainage, es wurde
mir unheimlich, ich schrieb die obere erste Teile,
mehr nicht, am nächsten Morgen als ich nachmittags kamen Jens und Frank mit Klein-
Nora, ich hatte sie zum ersten Mal im Arm,
die große Freude in diesem sonst freudearmen
Sommer, — in dem ich seit der Kniegelenksoperation am 11. Juni beinahe nur in Krankenhäusern lag, bis zum 18. November, das sind
fünf Monate — „Wundheilungsstörung" nennt
man das, und es befällt ca. 1 Prozent der Patienten ...

Dies schreibe ich nun am 13. Dezember auf, möchte
den Tag des Jahres doch nicht ganz übergehen, will
versuchen, rückblickend etwas darüber zu schreiben,
wie ich mich in diesem letzten halben Jahr „befunden" habe. Wird nicht einfach sein. Die Zeit im Krankenhaus kommt mir wie ein ereignisloser, ungegliederter Zeitraum vor, die verschiedenen Krankenzimmer in den verschiedenen Krankenhäusern
kann ich in der Erinnerung kaum unterscheiden —
ich war im Immanuel-Krankenhaus, in der
Charité (dem Bettentorm!), zweitausendunddreißig Bäffel
in d. Reha-Klinik Hoppegarten, im Virchow-
Klinikum, im Evangelischen Geriatrie-Zentrum,
Sechs (oder sieben?) Operationen, jeweils mit voller
Narkose, wenn die sich eine Aversion entwickelte ...

2) etwas wie Angst – weil ich wußte und hörte, daß viele, gerade ältere Leute, nach einer Narkose verwirrt sind und es zum Teil auch bleiben (so mehr Sorgen in den nächsten Tagen: Studenten, die mich abfragten: nach meinem Aufenthaltsort, Telefonnummer, Datum, Station u.s.w. – was ich alles ohne Verzögerung beantworten konnte).

Wenn ich zurückdenke, sehe ich mich immer wieder auf der Trage liegen, wie ich von Pflegern oder sonstwie lang zu dem jeweiligen Operationsraum geschoben werde, die ich als allerdings kaum auseinander halten kann. Nur daß mir alle diese unterirdischen, kalten, grauen, von Kunstlicht nicht beleuchteten Räume für die Apparate und ihr Team als ungute Arbeitsplätze erschienen. Sie selbst empfanden das anscheinend nicht so, aus die Kälte machte ihnen kaum zu schaffen – sie werden bei jeder OP ja einen Adrenalin-Schub erleben.

Die verschiedenen Aufwachräume. Einmal sehr gefroren, leichte Übelkeit. Danach meistens totale Appetitlosigkeit, konnte also abnehmen.

["Bringt mir Suppen"]

Da hole ich nun einige Einzelheiten aus der verglichenen fest hervor, die mir übrigens als sehr heller, überbelichteter Zeitraum erscheint, kann eine Erinnerung an die einzelnen Elemente und Pfleger kaum heranrufen – obwohl die mir jeweils wichtig waren und auch Individualität bekamen. Beobachtete, wie man als Patient von ihnen abhängig wird und wie man auch bis zum feinsten Grad sein Selbstgefühl verliert.

3)

Auch das Interesse an äußeren Ereignissen schwindet: In meine Krankenhaus-Zeit fielen die heute so genannte „Finanzkrise" — im Grunde der Zusammenbruch der kapitalistischen Weltordnung — und die Terroranschläge in Bombay, Indien; ich nahm alles genau zur Kenntnis, las jeden Tag Zeitung, staunte und begriff sehr wohl die Bedeutung dieser Ereignisse, doch konnte ich sie nicht auf mich beziehen; wenn ich mich gefühlt in Worte fassen sollte, müßte ich wohl sagen: Das alles betrifft mich nicht mehr. Meine Zeit ist vorbei. Ich sehe den Ereignissen zu. Mit 80 ist man nicht mehr dabei. Dies ist nicht mehr meine Zeit.

Mit anderen Worten: Dieser Krankheitssommer hat mir einen gehörigen Altersschub verpaßt. Der 80. Geburtstag überschritt ich als die Grenze zwischen Alter und Tod zu werden. Auf dem Flur begegnete ich anderen Patienten, an Krücken usw.; ich, die mir noch älter und hilfloser vorkamen, bis ich mich zur Ordnung rief und mir sagte: Die sind genauso alt wie ich, ich will es nur nicht wahrhaben.

An Arbeit habe ich die ganze Zeit über nicht gedacht, obwohl mein Stendhal-der-Engel-Manuskript sich vor mir auftürmt wie ein unübersehbarer Berg. Ich schrieb nicht eine einzige Zeile — nicht einmal eine Karte an irgend jemanden. Die Ärztin meinte, mein Gehirn sei damit beschäftigt, die Narkosen zu verarbeiten, darauf meint, ich hätte auf Autopilot gestellt

Vieles ließ mich flüchtig. Das einzige, was
mich interessiert, war alles, was meine Familie
betraf: mir wurde bewußt: dies ist der feste, das
erlebte Bestandteil meines Lebens — erst danach
kommt alles, was mit meiner Arbeit zusammen —
hängt. Übrigens habe ich hin und wieder in
einem meiner Bücher gelesen, die ich mir hatte
mitbringen lassen, um sie zu verschenken: „Lebhaftig", „Die Worte Adornos", „Lass G, T.". Ich las
diese Texte wie zum erstenmal, erinnerte mich nicht,
daß ich sie geschrieben hatte, und fand sie zu
meinem Erstaunen „nicht schlecht". Eigentlich,
dachte ich, habe ich doch alles gesagt, was ich zu
sagen hatte. Könnte ich meine „Werke" nicht als
abgeschlossen betrachten? Muß ich mich noch
an diese Schwerarbeit mit „Stadt der Engel" heran —
machen? — Die Frage ist bis jetzt nicht beantwortet.

Ich las viel — den „Zauberberg" ebenso wie
den Newcomer Une Tellstrampf und den „Turm",
den ich überbewertet fand. Ich sah jeden Abend
fern bis Mitternacht fern. Ich hatte das deutliche
Gefühl, daß ich die Zeit ungenutzt verstreichen
ließ und daß dies ein Vergehen war. Teilweise war
diese „Faulheit" oder Trägheit schon lange vor meinem Krankenhausaufenthalt angebrochen, und
sie hielt auch jetzt noch an, ist also grundsätzlicherer
Natur: eine Hemmung gegen „das Schreiben; die
sich zusammensetzt aus der Einsicht in die Vergeblichkeit dieses Tuns und aus Zweifel in meine
eigene Fähigkeit, eine neue Herausforderung
noch zu meistern.

Einmal fragte meine Stationsärztin (Dr. Ehrhart,
der ich „Lebhaftig" gegeben hatte, ob ich
bei meiner Darstellung über „Vergeblichkeit."

5)

bleibe, die ich da auf eine Seite erörtere. Ja,
ich bleibe dabei – wenn man das erkannt
hat, geht es doch eigentlich darum, trotzdem weiter zu machen, in der Einsicht, daß
der Sinn des Lebens das Leben ist, daß man
mit Kraft und Engagement führen sollte, auch
wenn ihm keine Dauer beschieden ist ...

Einmal, etwa nach zwei Dritteln der Zeit, passierte
etwas Eigenartiges: Ich hörte (in mir?) eine
Stimme, die deutlich sagte: Jetzt wirst du gesund. Das war um Mitternacht. Ich glaubte der
Stimme sofort, und ich rief Trude an, weil ich
glaubte, daß sie noch am ehesten wach sein
könnte. War sie aber nicht. Ich sprach auf ihren Anrufbeantworter. Am nächsten Morgen
rief sie ganz aufgeregt an; was ich denn mitten in der Nacht gewollt hätte. Ich erinnerte
mich zunächst nicht an meinen Anruf, denn
fiel es mir wieder ein. – Kann sein, daß das
meine Genesung einsetzte.

Ich bekam die vielfältigen Reflexe von f.
Geburtstag mit – 4 wurde 90, und ich konnte
nicht dabei sein. Und er war unglaublich tätig
und plante seine Feier selbst vorbereiten.
Ich bekam Angst, daß er eines Tages umfallen
würde. Aber er überstand alles. Vielleicht hat er
sich mit seiner Aktivität auf seine Weise über
das inelüle Datum hinweggeholfen.

Ferner gab es die schreckliche Terrorwelle
in Bombay und das Aufblühen des unglaublichen internationalen ("globalen") Terror-
ismus.

arbeitet ein Epochenbruch: Diesmal ist es der
Kapitalismus, der seinen Offenbarungseid
leisten muss. Ich glaube, in den Wirtschafts- und
Politiker-Kreisen regiert das blanke Entsetzen,
es ist vor dem feineren Konsum entwachsen nicht
zu verbergen ..., und das feine Volk weigert
sich, die Wanderung zur Kenntnis zu nehmen und versucht, weiter zu machen wie bisher; ohne nächste
Weltirrtum anzufangen, als wäre nichts gewesen.

Das alles nahm ich gewissenhaft zur Kenntnis, aber
es berührte mich nur am Rande, überhaupt wurde
mir bewusst, dass ich derartige innere Teilnahme
an Konflikten wie früher nicht mehr Grund-
einfache, weil mich heutige (politische) haft mich
nicht mehr in Konflikte stürzt: Ich fühle
mich nicht mehr verantwortlich für das,
was geschieht.

Ich hatte keine Lust auf irgendwelche
Einflüsse von außen - wollte keinen Besucher,
möglichst keine Telefonate, schrieb keine einzige Zeile an irgendjemanden. (Jetzt höre ich,
ich sei "verändert" gewesen.)

Vor den sich wiederholenden Operationen
hatte ich Angst - besonders vor den Narkosen.
Ich überstand sie ohne das nicht so seltene
Zwischenstadium von Verwirrtheit, brauchte
aber anscheinend viel Energie, die Folgen
zu verarbeiten. Als anch noch eine Lungenentzündung bei mir auftrat, stürzte diese
Diagnose meine Familie anscheinend in
Angst und Schrecken - mich nenne, ich
hatte merkwürdigerweise nicht das Gefühl, dass ich daran sterben könnte.

sondern lag ziemlich emotionslos an den
vielen Apparaten in der Intensivstation
und bewunderte die Schwestern wegen
ihrer Kompetenz.

Später dann, wieder auf „Normalstation"
und in der geriatrie bei Dr. Steinhagen +
Thiesen, als man mich „mobilisieren" wollte,
das heißt, aus dem Bett holte, zu physiotherapeutischen Übungen zwang, setzte ich diesem
zum Zwange einen inneren Widerstand
entgegen und war wütend auf die Physiotherapeuten – am liebsten wäre ich weiter im
Bett liegen geblieben und hätte meine Ruhe
gehabt, war froh, wenn die Übungen ausfielen. Diese Trägheit ist mir geblieben, immer noch mache ich zu wenig Training, um
die Muskeln meines rechten Beins zu stärken.
(Das rühre ich von mir aus der Zeit der Hüftgelenks-Operationen).

Im ganzen kam mir diese Zeit – der ganze Sommer – „flacher" vor, wohl weil meine Emotionen
keine Spitzen nach oben oder nach unten zeigten.
Ich glaube, dies ist ein altersbedingter Zustand,
hat nichts unbedingt mit der Krankheit zu
tun. Ich träumte viel und sehr plastisch und
habe alles vergessen. Bei der Lektüre mußte
ich darauf achten, daß sie nicht etwas zu aufregend war, ich war ungeheuer empfindlich,
also kamen die meisten Krimis nicht in Frage.
Da las Thomas Manns Zauberberg und (Zur-
zorisch-Unsel-Tellkamps: Der Turm – ein überzeugtes
Buch über ein Dresdener Milieu vor der Wende.
Saß jede Nacht bis M. Mitternacht fern.

[25] Mir war bewußt, daß diese Zeit ein Einschnitt war. Öfter war (und bin) ich nicht in besonders guter seelischer Verfassung. Der Gedanke an den Tod ist allgegenwärtig. Und das Bewußtsein, daß die Jahre jetzt anfangen zu laufen. Der Antrieb zu neuer Arbeit ist gering. Über allem die Frage: Wozu?

Sonnabend, 27. September 2008

wäre »Tag des Jahres« gewesen, das war ein Sonnabend, an dem ich auf einen Zwischenaufenthalt zwischen zwei Krankenhausaufenthalten zu Hause war, die Wunde wurde als »fast geschlossen« angesehen, aber das Knie schwoll immer mehr an, trotz Lymphdrainage, es wurde mir unheimlich, ich schrieb die obere erste Zeile, mehr nicht, nachmittags kamen Jana und Frank mit Klein-Nora, ich hatte sie zum ersten Mal im Arm, die große Freude in diesem sonst freudearmen Sommer, in dem ich seit der Kniegelenksoperation am 11. Juni beinahe nur in Krankenhäusern lag, bis zum 18. November, das sind fünf Monate – »Wundheilungsstörung« nennt man das, und es befällt ca. 1 Prozent der Patienten . . .

Dies schreibe ich nun am 13. Dezember auf, möchte den Tag des Jahres doch nicht ganz übergehen, will versuchen, rückblickend etwas darüber zu schreiben, wie ich mich in diesem letzten halben Jahr »befunden« habe. Wird nicht einfach sein. Die Zeit im Krankenhaus kommt mir wie ein ereignisloser, ungegliederter Zeitraum vor, die verschiedenen Krankenzimmer in den verschiedenen Krankenhäusern kann ich in der Erinnerung kaum unterscheiden – ich war im Immanuel-Krankenhaus, in der Charité (dem Bettenturm!), zwischendurch 3 Tage in d. Reha-Klinik Hoppegarten, im Virchow-Klinikum, im Evangelischen Geriatrie-Zentrum. Sechs (oder sieben?) Operationen, jeweils mit voller Narkose, gegen die ich eine Aversion entwickelte und etwas wie Angst – weil ich wußte und hörte, daß viele, gerade ältere Leute nach einer Narkose verwirrt sind und es zum Teil auch bleiben (zu mir kamen in den nächsten Tagen Studenten, die mich abfragten: nach Namen, Aufenthaltsort, Telefonnummer, Datum, Station usw. – was ich alles ohne Verzögerung beantworten konnte).

Wenn ich zurückdenke, sehe ich mich immer wieder auf der Trage liegen, wie ich von Pflegern die Gänge lang zu dem jeweiligen Operationsraum geschoben werde, die ich allerdings kaum auseinanderhalten kann. Nur daß mir alle diese unterirdischen, kalten, grauen, von künstlichem Licht beleuchteten Räume für die Operateure und ihr Team als ungute Arbeitsplätze erschienen. Sie selbst empfanden das anscheinend nicht so, auch die Kälte machte ihnen kaum zu schaffen – sie würden bei jeder OP ja einen Adrenalin-Schub erleben. Die verschiedenen Aufwachräume. Einmal sehr gefroren. Leichte Übelkeit. Danach meistens totale Appetitlosigkeit, konnte also abnehmen. Gerd bringt mir Suppen.

Da hole ich schon Einzelheiten aus der ungegliederten Zeit hervor, die mir übrigens als ein heller, überbelichteter Zeitraum erscheint. Kann eine Erinnerung an die einzelnen Schwestern und Pfleger kaum heraufrufen – obwohl die mir jeweils wichtig waren und auch Individualität bekamen. Beobachtete, wie man als Patient von ihnen abhängig wurde und wie man auch bis zum gewissen Grad sein Schamgefühl verliert.

Auch das Interesse an äußeren Ereignissen schwindet: In meine Krankenhaus-Zeit fielen die heute so genannte »Finanzkrise« – im Grunde der Zusammenbruch der kapitalistischen Weltordnung – und die Terrorangriffe in Bombay, Indien; ich nahm alles genau zur Kenntnis, las jeden Tag Zeitung, staunte und begriff sehr wohl die Bedeutung dieser Ereignisse, doch konnte ich sie nicht auf mich beziehen: Wenn ich mein Gefühl in Worte fassen sollte, müßte ich wohl sagen: Das alles betrifft mich nicht mehr. Meine Zeit ist vorbei. Ich sehe den Ereignissen zu. Mit 80 ist man nicht mehr dabei. Dies ist nicht mehr meine Zeit.

Mit anderen Worten: Dieser Krankheitssommer hat mir einen gehörigen Altersschub verpaßt. Den 80. Geburtstag fürchte ich als die Grenze zwischen Alter und Todesnähe. Auf den Gängen begegnete ich anderen Patienten, an Krükken wie ich, die mir noch älter und hilfloser vorkamen, bis ich mich zur Ordnung rief und mir sagte: Die sind genauso alt wie ich, ich will es nur nicht wahrhaben.

An Arbeit habe ich die ganze Zeit über nicht gedacht, obwohl mein Stadt-der-Engel-Manuskript sich vor mir auftürmt wie ein unübersteigbarer Berg. Ich schrieb nicht eine einzige Zeile – nicht mal eine Karte an irgend jemanden. Die Ärztin meinte, mein Gehirn sei damit beschäftigt, die Narkosen zu verarbeiten. Annette meint, ich hätte auf »Autopilot« gestellt.

Vieles ließ mich gleichgültig. Das einzige, was mich interessierte, war alles, was meine Familie betraf. Mir wurde bewußt: Dies ist der feste, dauerhafte Bestandteil meines Lebens – erst danach kommt alles, was mit meiner Arbeit zusammenhängt. Übrigens habe ich hin und wieder in einem meiner Bücher gelesen, die ich mir hatte mitbringen lassen, um sie zu verschenken: »Leibhaftig«, »Der Worte Adernetz«, »Christa T.«. Ich las die Texte wie zum erstenmal, erinnerte mich nicht, daß ich sie geschrieben hatte, und fand sie zu meinem Erstaunen »nicht schlecht«. Eigentlich, dachte ich, habe ich doch alles gesagt, was ich zu sagen hatte. Könnte ich mein »Werk« nicht als abgeschlossen betrachten? Muß ich mich noch an diese Schwerarbeit mit »Stadt der Engel« heranmachen? – Die Frage ist bis jetzt nicht beantwortet.

Ich las viel – den »Zauberberg« ebenso wie den Newcomer Uwe Tellkamp mit dem »Turm«, den ich überbewertet fand. Ich sah jeden Abend fast bis Mitternacht fern. Ich hatte das deutliche Gefühl, daß ich die Zeit ungenutzt verstreichen ließ und daß dies ein Vergehen war. Teilweise war diese »Faulheit« oder Trägheit schon länger vor meinem Krankenhausaufenthalt ausgebrochen, und sie hält auch jetzt noch an, ist also grundsätzlicherer Natur: eine Hemmung gegen »das Schreiben«, die sich zusammensetzt aus der Einsicht in die Vergeblichkeit dieses Tuns und aus Zweifel in meine eigene Fähigkeit, diese neue Herausforderung noch zu meistern.

Einmal fragte meine Stationsärztin, der ich »Leibhaftig« gegeben hatte, ob ich bei meiner Aussage über »Vergeblichkeit« bleibe, die ich da auf einer Seite erörtere. Ja, ich bleibe dabei – wenn man das erkannt hat, geht es doch eigentlich darum, trotzdem weiterzumachen, in der Einsicht, daß der Sinn des Lebens das Leben ist, das man mit Kraft und Engagement führen sollte, auch wenn ihm keine Dauer beschieden ist ...

Einmal, etwa nach zwei Dritteln der Zeit, passierte etwas Eigenartiges: Ich hörte (in mir?) eine Stimme, die deutlich sagte: Jetzt wirst du gesund. Das war um Mitternacht. Ich glaubte der Stimme sofort, und ich rief Tinka an, weil ich glaubte, daß sie noch am ehesten wach sein könnte. War sie aber nicht. Ich sprach auf ihren Anrufbeantworter. Am nächsten Morgen rief sie ganz aufgeregt an: Was ich denn mitten in der Nacht gewollt hätte. Ich erinnerte mich zunächst nicht an meinen Anruf, dann fiel er mir wieder ein. – Kann sein, daß da meine Genesung einsetzte.

Ich bekam die vielfältigen Reflexe von G.s Geburtstag

mit – er wurde 80, und ich konnte nicht dabeisein. Und er war unglaublich tätig, mußte im Grunde seine Feier selbst vorbereiten, ich bekam Angst, daß er eines Tages umfallen würde. Aber er überstand alles. Vielleicht hat er sich mit seiner Aktivität auf seine Weise über das heikle Datum hinweggeholfen.

Ferner gab es die schreckliche Terrorwelle in Bombay und das Auffliegen der unglaublichen internationalen (»globalen«) Finanzkrise. Erneut ein Epochenbruch: Diesmal ist es der Kapitalismus, der seinen Offenbarungseid leisten muß. Ich glaube, in den Wirtschafts- und Politikerkreisen regiert das blanke Entsetzen, das sie vor dem gemeinen Konsumentenvolk noch zu verbergen suchen. Und das gemeine Volk weigert sich, die Veränderung zur Kenntnis zu nehmen, und versucht weiterzumachen wie bisher: Also reichlich Weihnachtseinkauf, als wäre nichts gewesen.

Das alles nahm ich gewissenhaft zur Kenntnis, aber es berührte mich nur am Rande, überhaupt wurde mir bewußt, daß ich derartige innere Teilnahme an Konflikten wie früher nicht mehr kenne, einfach, weil die heutige (politische) Lage mich nicht mehr in Konflikte stürzt: Ich fühle mich nicht mehr verantwortlich für das, was geschieht.

Ich hatte keine Lust auf irgendwelche Einflüsse von außen – wollte keine Besucher, möglichst keine Telefonate, schrieb keine einzige Zeile an irgend jemanden. (Jetzt höre ich, ich sei »verändert« gewesen.)

Vor den sich wiederholenden Operationen hatte ich Angst – besonders vor den Narkosen. Ich überstand sie ohne das nicht so seltene Zwischenstadium von Verwirrtheit, brauchte aber anscheinend viel Energie, die Folgen zu verarbeiten. Als auch noch eine Lungenentzündung bei mir auftrat, stürzte diese Diagnose meine Familie anscheinend in Angst und Schrekken – mich weniger, ich hatte merkwürdigerweise nicht das Gefühl, daß ich daran sterben könnte, sondern lag ziemlich emotionslos an den vielen Apparaten in der Intensivstation und bewunderte die Schwestern wegen ihrer Kompetenz.

Später dann, wieder auf »Normalstation« und in der Geriatrie bei Dr. Steinhagen-Thiessen, als man mich »mobilisieren« wollte, das heißt, aus dem Bett holte, zu physiotherapeutischen Übungen zwang, da setzte ich diesem Zwang einen inneren Widerstand entgegen und war wütend auf die Physiotherapeuten – am liebsten wäre ich weiter im Bett liegengeblieben und hätte meine Ruhe gehabt, war froh, wenn die Übungen ausfielen. Diese Trägheit ist mir geblieben, immer noch mache ich zu wenig Training, um die Muskeln meines rechten Beins zu stärken. (Das kenne ich von mir aus der Zeit der Hüftgelenks-Operationen.)

Im Ganzen kam mir diese Zeit – der ganze Sommer – »flacher« vor, wohl weil meine Emotionen keine Spitzen nach oben oder nach unten zeigten. Ich glaube, dies ist ein altersbedingter Zustand, hat nichts unbedingt mit einer Krankheit zu tun. Ich träumte viel und sehr plastisch – und habe alles vergessen. Bei der Lektüre mußte ich darauf achten, daß sie nicht etwa zu aufregend war, ich war ungeheuer empfindlich, also kamen die meisten Krimis nicht in Frage. Ich las Thomas Manns »Zauberberg« und (kursorisch) Uwe Tellkamps »Der Turm« – ein überschätztes Buch über ein Dresdener Milieu vor der Wende. Sah jede Nacht bis Mitternacht fern.

Mir war bewußt, daß diese Zeit ein Einschnitt war. Öfter war (und bin) ich nicht in besonders guter seelischer Verfassung. Der Gedanke an den Tod ist allgegenwärtig. Und das Bewußtsein, daß die Jahre jetzt auf ihn zulaufen. Der Antrieb zu neuer Arbeit ist gering, über allem die Frage: Wozu?

Sonntag, 27. September 2009
Woserin

In der ersten halben Stunde nach Mitternacht lese ich noch in dem bei Faber und Faber erschienenen Buch »Wie viele Leben lebt der Mensch« von Walter Markov (»Eine Autobiographie aus dem Nachlaß«). Markov lehrte als Historiker und Gesellschaftswissenschaftler in Leipzig, als ich dort studierte, und gehörte neben Ernst Bloch, Hans Mayer und Robert Schulz zu den kritischen Marxisten. Ich hatte erwartet, in seinem Buch eine Schilderung der Auseinandersetzungen an unserer Fakultät zu finden, von denen ich selbst damals kaum berührt war. Aber zu meiner Enttäuschung ist das Buch recht lax geschrieben und geht auf die ernsten Probleme kaum ein: Zum Beispiel warum er, Markov, Anfang der fünfziger Jahre aus der Partei ausgeschlossen wird und wie genau die Folgen für ihn waren – das wird ziemlich oberflächlich behandelt – wollte der Autor, als er diese Passagen schrieb, immer noch mit Kritik an der Partei zurückhalten? – Dafür schildert er ausführlich, wie er zu seiner Frau kommt, und die Geburt ihrer (fünf) Kinder, und allerdings die Personalpolitik an der Universität mit einer Fülle mir heute unbekannter Namen.

Ich konnte nicht einschlafen, nahm dann, widerstrebend, um eins eine halbe Stilnox. (Sie machen abhängig! sagen die Ärzte, aber was soll schon passieren, wenn man mit achtzig ein bißchen abhängig wird?) Wahrscheinlich ist auch Autosuggestion dabei, wenn ich nach dieser halben Tablette tatsächlich schlafen kann. Dann werde ich, wie heute, um sieben wach und kämpfe darum, noch mal einschlafen zu können, was meistens nicht gelingt. Dann sind die ein, zwei Stunden bis zum Aufstehen quälend, depressionsnah, von bedrückenden Gedanken besetzt – der Tod, immer wieder der Tod –, denen gegenüber auch die Aufzählung alles Positiven, aus dem mein Leben ja eigentlich besteht, nicht viel ausrichten kann. Ich versuche es mit Mantras zum Einschlafen, sie zeigen keine Wirkung. Stunden, vor denen ich mich fürchte.

Kurz vor neun stand ich auf, wie immer mit üblen Kreuzschmerzen, die erst bei Bewegung etwas nachlassen, aber mich doch meist am schmerzfreien Laufen hindern. Gerd schon in der Küche, fertig angezogen. Dusche, Haare waschen, dabei in Deutschlandradio Kultur eine Sendung hören, »Allein gegen alle«, die sie von einer Uraltsendung her wiederholen, die aber immer noch Spaß macht.

Nachrichten. Heute können also um die sechzig Millionen Bundesbürger ihr neues Parlament wählen. Wir haben durch Briefwahl als Einzelkandidaten Wolfgang Thierse (SPD) gewählt und als Partei Die Linke – zögernd natürlich, aber die SPD zeigt sich zu breiig und unfähig, auf die Linke zuzugehen, was die einzige Möglichkeit wäre, einen Block »links von der Mitte« zu bilden. Sie braucht also eine starke linke Opposition.

Im Radio wird Iris Berben interviewt, die in einem neuen Achtundsechziger-Film (»Es kommt der Tag«) die Hauptrolle spielt: Eine Frau, die 1968 Aktivistin war, ihr Kind weggab, ihre Identität veränderte und jetzt als Erwachsene mit ihrer wiederaufgetauchten Tochter konfrontiert wird. (Das Trauma der Bundesrepublik, an dem wir nicht teilhaben, wie sie an unseren Traumata nicht teilhaben – das verhindert schon das viel heraufbeschworene »Zusammenwachsen«.)

Nachrichten. Der Iran hat zwei neue Kurzstreckenraketen

abgeschossen. – In den Philippinen macht ein furchtbarer Tropensturm mit Regenmassen ungeheure Überschwemmungen. Tote und Verletzte, viele Menschen obdachlos.

Frühstück. Brot, Wurst. Medikamente, da der Husten, der mich seit einer Woche plagt, einfach nicht aufhören will: Gelomyrtol, Locabiosol-Spray.

Im Radio (das wird ein Tag der Medien!) erinnern sie an den Kongreß für kulturelle Freiheit, der 1950 in Berlin stattfand, eine antikommunistische Veranstaltung, aus der unter anderem die Zeitschrift »Der Monat« hervorging. Alles, wie man heute weiß, von der CIA finanziert. Am Anfang hört man die Stimme von Arthur Koestler, der an das Wort aus dem Neuen Testament erinnert: Deine Rede sei Ja, ja, und nein, nein. Was darüber ist, ist vom Übel.

Annette ruft an. Sie war mit Honza in Weimar zu einer Veranstaltung, zu der ich ursprünglich auch kommen sollte, die unter dem Titel »Freiheit, die ich meine« lief. Sehr gut organisiert, sehr viele Autoren zu Diskussionen und Lesungen, zwei Tage lang, aber ganz wenig Publikum. Enttäuschend. – Annette ist auch ihren Infekt noch nicht ganz los, bei ihr setzt er sich immer in den Nasennebenhöhlen fest, aber sie hat in der nächsten Woche Urlaub und kann sich auskurieren. Sie muß zuviel arbeiten. Gerd rät ihr, einmal ein Vierteljahr nach Italien zu gehen. Das kann sie nicht, schon wegen Honzas Terminen für die Blutwäsche, aber einen Monat möchte sie sich schon mal vornehmen. – Ich kann von dem längeren Telefongespräch mit Benni erzählen, der jetzt zwei Wochen seiner Tischlerlehre hinter sich hat und sich dabei recht wohl fühlt. Wir sind sehr froh darüber.

Honza war in Köln bei seinem Verlag, der Lektor ist von seinem Buch begeistert, sie haben schon das Cover entwickelt, im Frühjahr wird es erscheinen.

Ich rufe in Hamburg an, Martin am Telefon, sie sind bei schönstem Wetter mit Seidels unterwegs in Hamburg, haben beim Fischmarkt Gemüse für Tinkas Geburtstagsessen morgen eingekauft; sie erwarten achtzehn Gäste. Sie scheinen begeisterte Hamburger zu werden.

Gerd kommt. Er ist mit meinem Manuskript beschäftigt, das mir noch einige Korrekturen abverlangen wird. Er stört sich an meiner Formulierung: »Der neue Glaube kommt listigerweise über den Kopf«. Und der alte? fragt er. Kam der nicht auch über den Kopf? Oder woher sonst? – Über Emotionen, sage ich. Und wenn über den Kopf, dann über einen anderen Teil des Kopfes. – Gerd ist skeptisch wegen der ganzen Lily-Handlung: Braucht man die? Was bringt die Sache mit dem Philosophen? – Er denkt immer noch, daß ich Walter Benjamin meine, aber das ist ja nicht (mehr) der Fall! Wenn ich da noch Eingriffe machen müßte, wäre das viel Arbeit, davor fürchte ich mich. Gerd meint, wir sollten das Manuskript noch einer unbefangenen Person zeigen, die die Ereignisse, auf denen es beruht, nicht kennt. Dafür bin ich auch.

Da ich auf Anordnung von Frau Dr. Etzold starke Entwässerungstabletten nehme, ursprünglich um einen Stau in der Lunge aufzulösen, muß ich andauernd im Eiltempo die Toilette aufsuchen.

Gerd zerkleinert das Fleisch für die Erbsensuppe, stellt mir die Rippchenknochen hin, die ich gerne abknabbere.

Es ist nach zwölf, wir gehen raus. Ich wie immer mit meinen zwei Stützen, die ich seit der Knie-Operation im Juni vorigen Jahres noch nicht ablegen konnte. Es deprimiert mich sehr – obwohl ich sicher selbst mit schuld bin: Zu wenig intensiv und ausdauernd trainiert. Heute kommt mir der Gedanke, ob ich mich einfach an diesen Zustand gewöhnen sollte. Andere müssen es ja auch.

Ein herrlicher Tag. Unglaublich intensive Farben. Ein Himmel in unwirklichem Blau. Die Bäume sind noch grün, einzelne Blätter, vergilbt, fallen schon ab. Die Kastanien allerdings von der Miniermotte schon kahl gefressen, die braunen Blätter liegen auf der Erde. Man sollte sie eingraben – aber wer macht das schon?

Im übrigen hat es drei Wochen nicht geregnet, alles ist dürr und trocken, die Wiese braungrau, die Schafe finden nur mühsam ein paar Hälmchen. Das hatten wir noch nicht. Hängt das auch mit dem Klimawandel zusammen, der laut neuesten Untersuchungen noch schneller kommt als bisher angenommen?

Ich gehe auf der holprigen Wiese bis zur Straße runter, das ist natürlich viel zu wenig, aber es gibt in der Nähe kaum eine glatte Strecke, auf der ich laufen könnte. Außerdem bin ich faul.

Ich setze mich auf einen Gartenstuhl in die Sonne und lese in der »Schweriner Volkszeitung«, die bei uns landet, weil Andrea zur Zeit nicht hier ist. Auf der ersten Seite dreißig Paßbild-Porträts von Menschen, die sagen, warum sie zur Wahl gehen. Unter ihnen Hermann Kant, der sich von der neuen Regierung nicht viel erwartet, aber trotzdem von seinem Wahlrecht Gebrauch machen will. – Iran baut eine zweite Uran-Anlage. – Ein Artikel über die Psychologie des Kaufens: Man gebe Geld aus, entweder um etwas zu kaufen oder um etwas zu erleben. – »Freu dich, Erik«: Der Dreizehnjährige aus Kritzkow will Deutschlands mutigster Schüler werden. – Es gibt 1,4 Millionen Wahlberechtigte in Mecklenburg-Vorpommern. 80 000 wählen das erste Mal. – Merkel und Steinbrück beim G20-Gipfel. – Mehr Arbeit, weniger Lohn – was tun? Schiffbauer sollen auf Geld verzichten. – Leserbriefe: Der Einmarsch der Russen in Ostpolen hatte eine

Vorgeschichte. – Schuß ins Gesicht: Nach Ehestreit eskaliert die Situation auf der Polizeiwache.

Mittags Erbsensuppe, Lieblingsgericht aus Kindheitstagen.

Hingelegt. Wir bestätigen uns gegenseitig, wie müde wir mittags immer sind. Ich schlafe – mit einer Lesepause – bis sechzehn Uhr.

Dann keine Ruhe mehr zur Weiterarbeit an diesem Text. Tee und ein Keks im Fernsehzimmer. Ich lese den »Kultur-SPIEGEL« mit Buchempfehlungen, von denen keine mich so richtig verlockt, erst recht nicht, wenn ich Textproben gelesen habe, die mir meistens banal vorkommen.

Um achtzehn Uhr also die ersten Hochrechnungen, die schlimmsten Befürchtungen werden wahr: Die neue Regierung unter Angela Merkel wird schwarz-gelb sein. Westerwelle wahrscheinlich Außenminister. Die SPD das schlechteste Wahlergebnis seit 1949. CDU 33,4. SPD 22,7. FDP 14,8. Linke 12,5. Grüne 10,6.

Die Piratenpartei, zu der unsere Enkelsöhne tendierten, bekam 2 %.

Dann natürlich die üblichen Jubelorgien bei den Gewinnern, bei den Verlierern das Versprechen, die Gründe für den miesen Wahlausgang zu analysieren, Interviews mit Wählern und mit Parteileuten, auch den »Spitzen«. Auf Spekulationen über Personalveränderungen will man sich noch nicht einlassen.

In Brandenburg ist Platzeck wieder Gewinner, die SPD hat nicht verloren, die Linke zweitstärkste Partei, weit vor der CDU.

Der Abend ist gelaufen.

Annette ruft an: Na, was sagt du? Großer Mist, wie? – Sie hatte gesagt, die Linke könnte sie niemals wählen, wegen der alten Kader, die immer noch drin seien, aber sie verzeiht es uns – bei »unserer Vergangenheit«.

Wir hatten uns vorgenommen, eine Margarita zu trinken – egal, wie die Wahl ausgehen würde. Das tun wir nun, dazu Sardellen- und Krabbenschnittchen.

Tinka ruft an: Scheiße mit Reis, sagt sie. Wir sagen, was dazu zu sagen ist. Wegen meines Hustens gibt sie ein Rezept von Seidel weiter, der ja Arzt ist: Täglich fünf Tassen Salbeitee mit Honig.

Wir sehen uns einen Krimi an, den wir schon kennen (»Der doppelte Lott«), ich schlafe mittendrin ein und kann dann noch die Talkrunde bei Anne Will ansehen, während Gerd schon ins Bett geht, nicht, ohne mir vorher meinen Kompressionsstrumpf auszuziehen. Er muß immer mehr Pflegeeigenschaften entwickeln – zu meinem Kummer.

In der Runde sind die alten Hasen der jeweiligen Parteien zusammengekommen, die vernünftig argumentieren: Baum von der FDP, Frau Süßmuth von der CDU, Egon Bahr von der SPD. Der sagt, die SPD müsse und werde sich jetzt erneuern, jawohl, sie bleibe eine Volkspartei, da sie für alle Schichten des Volkes ein Angebot habe. Jetzt müsse sie sich vor allem auf einen Kampf um Gerechtigkeit gefaßt machen. – Er ist erstaunlich fit mit seinen siebenundachtzig Jahren. Nein, auf die Linke könne man nicht zugehen, solange sie in der Außenpolitik nicht auf dem Boden des Grundgesetzes stehe, Austritt aus der NATO verlange und Ähnliches. Wie er auf diese Weise einen »linken Block« – links von der Mitte – erreichen will, weiß ich nicht.

Ins Bett, kurz vor zwölf. Während ich mich ausziehe, fällt mir wieder ein Phänomen auf, das mir erst vor einigen Wochen bewußt geworden ist – seit ich bei Oliver Sacks gelesen habe, daß gar nicht so wenige Menschen von musikalischen Halluzinationen betroffen sind: Das heißt, sie hören mehr oder weniger laut und ganz unwillkürlich andauernd Musik.

Das kann zu einer wirklichen Plage führen. Dabei fiel mir ein, daß ich mich, wenn ich in mich hineinhöre, auch eigentlich jedesmal bei einem Lied ertappe, das, sehr leise, in mir gesungen wird. Oft, im Auto oder wenn ich draußen sitze, summe ich es vor mich hin, Tinka hat mich schon darauf aufmerksam gemacht. (Jetzt zum Beispiel ertappe ich mich bei der Melodie zu der Strophe: Ich möcht' am liebsten sterben, da wär's auf einmal still.) Öfter sind es zu meiner Verwunderung Kirchenlieder, die in mir singen. Diesmal, als ich hinhöre: So nimm denn meine Hände ... Meistens merke ich es nicht, und zum Glück stört es mich nicht, weil es sehr leise ist. Aber ich bin nun angestoßen worden, darauf zu achten.

Ich lese noch ein Weilchen in einer sehr umfangreichen Robert-Oppenheimer-Biographie von Kai Bird und Martin J. Sherwin, die stark herausarbeiten, wie Oppenheimer, der »Vater der Atombombe«, Anfang der fünfziger Jahre in den USA, als er, entsetzt von den Folgen seiner Schöpfung, die Produktion und den Einsatz dieser Waffe einschränken will, unter unsäglichen Beschuß der Republikaner wegen seiner angeblichen kommunistischen Vergangenheit gerät, was für demütigenden Verhören er unterzogen wurde, welchen Repressalien er ausgesetzt war und daß er danach ein »gebrochener Mann« war. Wie immer in solchen Fällen überfällt mich eine Depression und Mutlosigkeit – gegen diese Art Niedertracht und Dummheit ist nichts zu machen.

Mitten in der Nacht nehme ich eine Baldrian-Tablette, lese in dem sehr gut gemachten Katalog über den Aufbau des Berliner Schlosses – das nicht gerade ein Lieblingsobjekt von mir ist – und schlafe doch tatsächlich ohne schärfere Schlaftablette noch mal ein.

Ich habe einen unglaublichen langen Traum, der in einem Luxushotel spielt und eine veritable Romanhandlung vorführt – mit großem Essen, Ausschließung einer (meiner) Person, mit Intrigen und Verletzungen, Zusammenbrüchen und Treffen alter Bekannter, darunter sind Schriftsteller, die ich allerdings nicht kenne. Mir ist, als habe ich noch niemals so geträumt. Als ich erwache, erzähle ich mir soviel wie möglich von den verwickelten Handlungen, die aber doch allmählich vergehen.

Ich stehe erst nach neun Uhr auf.

Montag, 27. September 2010
Berlin

Um Mitternacht endete im Fernsehen die Sendung »Druck-frisch« mit Denis Scheck. Er nahm sich den Titel »Deutsch-land schafft sich ab« von Thilo Sarrazin vor, der in den letzten zwei Wochen in unvorstellbarer Weise durch die Medien und auch durch die Politikveranstaltungen gejagt wurde und es doch tatsächlich beinahe auf Anhieb auf Platz eins der Bestsel-lerliste geschafft hat. Scheck empörte sich darüber, daß die Bundeskanzlerin das Buch schon verworfen hatte, ehe sie es gelesen hatte, daß der Bundespräsident (Wulff) die Bundes-bank, den Arbeitgeber von Sarrazin, sozusagen aufgefordert hat, ihn zu entlassen, um dann dieser Entlassung selbst hastig zuzustimmen. Genau erfuhr man nicht, ob Scheck selber das Buch eher ablehnt oder es eher gelten läßt wegen seiner angeb-lich zutreffenden Schilderung der Verhältnisse unter Asylbe-werbern, und es kritisiert – wie fast alle – wegen der Behaup-tung, daß viele der Asylbewerber aus genetischen Gründen nicht bildungsfähig seien. Jedenfalls scheint ein großer Teil der Bevölkerung der Meinung zu sein, daß die Immigranten, besonders die Muslime, uns nur ausnehmen wollten und schärfer angefaßt werden müßten.

Froh wie immer, ins Bett zu kommen: Mich hinlegen kön-nen gehört zu den genußvollsten Augenblicken des Tages. Ich bin auch immer sehr müde und schlafe zwischendurch ein, zum Beispiel abends, selbst beim Krimi ...

Ich lese augenblicklich die Autobiographie von Markus

Wolf, teilweise sehr anteilnehmend. Vieles ist einfach sachlich interessant, zum Beispiel die merkwürdige Wackelhaltung von Herbert Wehner, die man sich nur dadurch erklären kann, daß Wehner, in seinem Kern vielleicht noch nicht ganz vom Kommunismus abgenabelt, in der Nachkriegspolitik des Westens eine erneute Kriegsgefahr witterte, der man dadurch begegnen müsse, daß man den Osten informiere. – Auch interessant: Daß Otto John tatsächlich entführt wurde, aber nicht von der Staatssicherheit, sondern vom KGB, mit dem sein Freund, ein Arzt, mit dem er den Abend verbrachte, zusammenarbeitete.

Gestern abend las ich die Abschnitte über den Bau der Mauer, die nicht Ulbrichts Idee war, sondern Chruschtschows Anordnung, der angesichts der Massenflucht aus der DDR Angst hatte, daß dieser Staat zusammenbrechen und seine Westflanke dadurch angreifbar werden würde. Und die Führer der westlichen Welt sollen erleichtert gewesen sein, daß durch die Grenzsicherung der DDR ein Schwachpunkt in der europäischen Friedenssicherung entfallen sei. – Wolf und sein »Dienst« waren genauso überrascht vom Mauerbau wie wir alle, und er schildert die Reaktion darauf in der Bevölkerung recht realistisch. Wie er überhaupt – wenn man die Prämisse gelten läßt, daß diese »Dienste« eben sein müßten und daß er seine Aufgabe speziell darin gesehen hat, zur Friedenssicherung beizutragen –, wie er dann überhaupt ziemlich »anständig« ist. Trotzdem befinde ich mich bei der Lektüre in ständigem Zwiespalt: Er will ja mit der Staatssicherheit im Innern und mit deren schäbigem Treiben nichts zu tun gehabt haben, und er war dauernd im Clinch mit Mielke, und doch: Kann er sich so davon abtrennen? Haben nicht auch seinen Weg Leichen gesäumt, zum Beispiel die der »verbrannten« und enttarnten Kundschafter?

Wie immer nehme ich abends eine Vivinox, an die ich wahrscheinlich schon zu sehr gewöhnt bin. Aber seit ich gelesen habe, welch einen Mix Thomas Mann sich jeden Abend eintrichtern mußte ... Natürlich ziehen beim Einschlafen die Bilder vor meinem inneren Auge vorbei, die ich in den Jahren gesehen habe, die Wolf schildert. Daß auch wir erleichtert waren, weil eben auch wir sahen, wie die DDR auslief, und wir wollten ja, daß sie erhalten blieb, und wir hofften ja auch, daß nun ein anderer Geist einziehen würde. Warum haben wir nicht damals schon sehen können, daß es diesen »Geist« in diesem Apparat gar nicht gab – nicht geben konnte?

Das Licht ausmachen ist immer ein erleichternder Moment. Wieder ist ein Tag vorbei ohne persönliche Katastrophe. Wir leben noch. Wir leben. Immer nehme ich mir vor, jeden Tag, jede Stunde dieses Lebens ohne Vorbehalt anzunehmen, und immer unterfüttert der Gedanke an den Tod fast jede Stunde. Und das Wissen, wie schmal der Zeitraum wird, der mir, uns noch gegeben ist. Die Horrorvorstellung, allein leben zu müssen. Oft am Tag blicke ich auf Gerd, was er gerade macht, seinen Gesichtsausdruck, seine Haltung, wie er etwas sagt. Wie er, manchmal triumphierend, zum Abendbrot ein überraschendes Gericht hereinbringt. Ich horche, ob ich ihn atmen höre. Ich kann ihn ja nicht wecken, um ihm zu sagen, wie ich ihn liebe.

Dann gehe ich, wie jeden Abend, die Kinder und Enkel durch, kein besonderer Grund zur Sorge, glaube ich, auch bei Tinka und Martin nicht mehr. Honza ist mit seinem Buch, mit Lesungen, Veranstaltungen im Dauerstreß. Benjamin scheint die Tischlerlehre durchzuhalten, das wäre bewundernswert. Helene ist glücklich mit ihrem Till und hat, wie sie neulich sagte, »das Gröbste hinter sich«, nämlich eine wochenlange Doppelbelastung in ihrem Job. Anton verkündete mir am Telefon, er würde mit »noch jemandem« zur Thomas-Mann-Preis-Verleihung nach Lübeck kommen. Der »noch jemand« ist seine »Liebste« namens Lea. Ein neuer Zug an ihm, daß er das einfach so sagt. Ich freue mich. Und Jana und Frank schwammen ja bei ihrer Hochzeit buchstäblich im Glück, und jetzt sind sie auf Hochzeitsreise in Istanbul. Bleibt Klein-Nora, an die ich so häufig denke, obwohl ich sie so selten sehe. Ein wunderbares Kind, ein Wunder, wie jedes Kind. Annette, überschäumende Großmutter, berichtet immer von ihren Fortschritten, besonders jetzt beim Sprechen.

Ich wiederhole mein Mantra: Es geht mir gut. Es geht mir gut.

Ich schlafe ein und schlafe fast die ganze Nacht durch, ohne Träume, die sonst meistens sehr lebhaft und sehr seltsam sind.

Früh lese ich noch eine Weile in dem Buch von Markus Wolf – das heißt übrigens »Spionagechef im geheimen Krieg« und ist interessanterweise 1997 zuerst bei Random House auf englisch erschienen unter dem Titel »Man without a Face« und ist hier kaum bekannt –, ziehe wie immer das Aufstehen hinaus. Gerd liest in Claude Lanzmanns Autobiographie und findet, daß der sich zu sehr aufmandelt: Meine Güte, was ist das für ein Superman! – Er geht dann wie fast immer als erster ins Bad. Auf dem Bettrand sitzend sehe ich aus dem Fenster: Der Amalienpark ist noch ganz grün. Wenn man allerdings hoch in die Wipfel der Bäume schaut, sieht man, daß sie ganz schön gilb werden.

Die übliche Morgentoilette, duschen und so weiter. Seit einigen Wochen gehört ein Atemspray dazu, weil eine Lungenärztin den Verdacht geäußert hat, daß ich unterschwellig ein Asthma entwickle: Kurzatmig bin ich allerdings, mal mehr, mal weniger. Beim Anziehen brauche ich drei Cremes und

Salben: Eine für den Rücken (an deren Wirkung ich nicht so recht glaube), eine für die Hornhaut, die sich neuerdings an meiner linken großen Zehe bildet, eine für die Narbe am Knie, die aber auf all die Salben auch nicht weiter reagiert. Manchmal denke ich, mein Körper hat mich verlassen, und gehe auch deshalb nicht gerne unter Leute.

Frühstück: Eine Scheibe Brot, Schinken, Tee, ein Apfel – von Gerd geschält und zurechtgemacht. Die »Berliner Zeitung«. Auf der ersten Seite unter der Überschrift »Berlin, Schönefelder Kreuz« ein Foto des polnischen Reisebusses, der gestern gegen einen Brückenpfeiler gerast ist, wobei es dreizehn Tote gab. Die Leute kamen aus dem Urlaub aus Spanien. – Dann: Koalition provoziert Arbeitslose. – Nur fünf Euro mehr für erwachsene Hartz-IV-Empfänger. Die Regierung schwört, daß sie, wie das Bundesverfassungsgericht es befahl, ihre Messung an den niedrigsten Einkommen vorgenommen habe, die immer noch etwas höher sein müßten als Hartz IV. Der eigentliche Skandal ist es ja, daß es keine untere Grenze für Niedrigeinkommen gibt und die also so unverschämt gering gehalten werden können – und an denen wird dann das noch niedrigere Einkommen, Hartz IV, gemessen! Auf der zweiten Seite wird die Bemessungsgrundlage für die Berechnungen dargelegt. – Dritte Seite: Das Tacheles, alternatives Kunstobjekt an der Oranienburgerstraße, ist in seinem Bestand bedroht. – Unterm Strich: »Einfach frei leben« – Gedenkveranstaltung in der Akademie der Künste für Bärbel Bohley, die an Krebs gestorben ist. Erinnert wird an ihren Ausspruch: Wir wollten Gerechtigkeit und bekamen den Rechtsstaat. Mir tut ihr früher Tod sehr leid. – Seite 4: Kommentar von Arno Widmann: Diskriminierung ist nötig. Zu den neuen Hartz-IV-Berechnungen. Zusammengefaßt: Wer nichts geleistet hat, der hat auch keinen Anspruch auf eine Leistung.

Ihm soll geholfen werden. Aber er muß auch begreifen, daß er ein Bittsteller ist, daß er Hilfe braucht. – Kolumne: »Die zornigen Reichen« von Paul Krugman. Wie in Amerika die Reichen gegen Obama um ihre Privilegien kämpfen. (Obama wird es gegen diesen erbitterten Widerstand wohl leider nicht schaffen.) – Seite 6: Sonderparteitag der SPD. Gabriel versucht die Partei zu profilieren. (Aber haben sie denn 2012 einen Kanzlerkandidaten?) – Geheimwissen der Stasi genutzt. BND übernahm Chiffrierexperten der DDR. (Jetzt, zum zwanzigsten Jahrestag der Vereinigung, Stasi auf allen Kanälen.)

Wirtschaft: Banker verdienen wieder üppig. (Man kann diese Dreistigkeit nach der Krise kaum glauben!) – IWF sieht in Deutschland robustes Wachstum. – Gewerkschaften warnen vor deutlicher Zunahme der Leiharbeit. – Auf Jahrzehnte unbewohnbar: Greenpeace hat die Folgen eines Super-Gaus für die Kernkraftwerke Krümmel und Biblis B berechnen lassen. (Die Koalition will die Laufzeit der Kernkraftwerke verlängern, ohne eine Lösung für die Lagerung des Atommülls zu haben.) Es wird beschrieben, daß das Risiko eines Unfalls wie in Tschernobyl in deutschen Kernkraftwerken nicht gleich null ist, und vor allem: Sie sind ganz unzureichend gegen Unfälle oder Anschläge aus der Luft geschützt. Ein Alptraum, mit dem zu leben man uns zwingt – aus Kostengründen! – »Immer mehr Menschen gehen mobil online« – und wir haben nicht einmal ein Handy! – Die Sportseiten lasse ich wie immer aus.

Feuilleton: Merkwürdigerweise die Schlagzeile »Christa T. ist Steuerfachkraft geworden«. Ein Fotograf und der Redakteur Arno Widmann reisen bis zum 2. Oktober auf der Suche nach der Einheit durch die Republik. Widmann gibt einer jungen Frau aus der DDR, die sich zur Steuersachbearbeiterin entwickelt, ausgerechnet den Namen »Christa T.«. Ist das nun nach seiner schrecklich verunglückten Rezension zu »Stadt der Engel« (die er als »Liebeserklärung« verstanden wissen wollte) ein erneuter Annäherungsversuch? Der Mann, dessen Artikel übrigens meistens interessant und klug sind, ist mir ein Rätsel. – Unterm Strich: Post mortem – was für neue biogerechte Bestattungsmöglichkeiten sich entwickeln: Die Asche in einer recycelbaren Urne aus gepreßtem Mais und Kartoffelmehl unter einem Baum im Wald begraben lassen, und so weiter. Die Friedhöfe reichen nicht mehr aus. Und anscheinend wollen auch viele Angehörige nicht mehr an einem Grab stehen müssen. – Ich spare mir die Besprechung von Theateraufführungen, die ich doch nicht sehen werde, weil wir abends leider überhaupt nicht mehr weggehen – wegen meiner Behinderung mit den beiden Krücken. Nur soviel: In Dresden ist Uwe Tellkamps »Der Turm« dramatisiert und aufgeführt worden; inzwischen sind von seinem Roman sechshunderttausend Exemplare verkauft.

Berlin: Tödliches Ende eines Betriebsausflugs. Fotos und nähere Beschreibung des Busunglücks bei Schönefeld, bei dem dreizehn polnische Passagiere starben. – Seite 2: Protest gegen die neuen Flugrouten über Südwest-Berlin nach dem Bau des neuen Flughafens in Schönefeld. – Seite 3: Kalt ist nur den Zuschauern. Dauerregen beim 37. Berlin-Marathon. – Seite 4: Jugend und Schule: Schüleruniversität der FU zum Thema Klima und Energie. – Rettet die Schleifen und Haken – die Schreibschrift soll erhalten bleiben! – Shell-Jugend-Studie: Voller Sorge und Zuversicht. – Seite 5: Angekommen, aber nicht angenommen: Die strenggläubige islamische Föderation feiert dreißigjähriges Jubiläum und streitet über Integration. – Ferner: Toskana in Brandenburg. – Und: Peter und der Wolfgang Thierse – Thierse nimmt eine CD auf, »Peter und der Wolf«, und spendet die Einnahmen.

Mit Absicht eine so ausführliche Auflistung der Zeitungsmeldungen, um einmal festzuhalten, was uns gegenwärtig offiziell beschäftigt. Inoffiziell erwarten wir den spanischen Botschafter, und Gerd sucht in den Regalen (»Ein furchtbares Durcheinander!«) nach spanischen Übersetzungen meiner Bücher, findet wenig, meist ins Katalanische. Reicht mir ein Buch »sich aussetzen – das Wort ergreifen«, das man mir zu meinem achtzigsten Geburtstag gemacht hat und in dem auch ein Artikel von der Katalanin Marta Pessarrodona ist, den ich, wie das meiste, was in diesem Buch steht, vergessen hatte. Nun blättere ich darin, Marta sagt, daß sie mich immer in die Biographie Berlins integriere und daß sie 1984 bei uns in der Wohnung in der Friedrichstraße war. Daran bei mir keine Erinnerung. Auch daran nicht, daß sie 1987 noch einmal da war und »Störfall« gelesen habe. Aber dann erzählt sie von unserem Besuch in Barcelona, daß sie uns an den Ort begleitet habe, von wo aus man die Sagrada Família von Gaudí sieht. Und von diesem Blick hängt ja das schöne Bild von Nuria Quevedo in unserem Zimmer.

Gerd gibt mir ein paar Postsachen, die während unserer Abwesenheit bei Schweizers abgegeben worden waren: Ein Buch von Gerhard Begrich (aus Erfurt), Radius Verlag: »Schönheit gilt es zu schauen«, Untertitel: »Theologie und Poesie«. Darin nebst einer innigen Widmung ein Essay über mich: »Was bleibt. Nachdenken über Christa Wolf«. Überlegungen des Autors aus christlicher Sicht zu verschiedenen Texten von mir, in dem Sinn, daß diese Texte ihnen schon immer geholfen und Hoffnung gegeben hätten.

Dann noch ein längerer, intensiver Brief von einer Frau aus Berlin, ausgelöst durch »Stadt der Engel«, das sie einen »fesselnden und befreienden« Text nennt. Meine Bücher begleiteten sie weit länger als ihr halbes Leben (das wird mir jetzt oft geschrieben). Weiter bedankt sie sich, daß ich »in diesem Teil des Landes« geblieben bin, und spricht über das Jahr 1989 als »kurze Zeit des Ausprobierens einer Utopie«. Ich könnte noch länger aus diesem Brief zitieren, der typisch für eine ganze Reihe von Briefen ist, die ich jetzt nach »Stadt der Engel« bekomme. Mehr aus dem Osten – aber keineswegs nur –, mehr Frauen als Männer, mehr ältere als ganz junge Leute. Zeugnisse von Betroffenheit, die meine Zweifel, ob ich dieses Buch so hätte rausgeben sollen, zurückdrängen.

Die Leserin schickt mir ein Buch von Peter Handke mit: »Versuch über den geglückten Tag. Ein Wintertagtraum«, das ich noch nicht kenne. Als Motto lese ich: »Wintertag: Auf dem Pferd gefriert der Schatten«. Der Satz gefällt mir sehr.

Honza ruft an, er will wissen, wie man »Jury« betont, er hat am Abend wieder eine Lesung, ist wie ein Brummkreisel unterwegs, sein Buch steht auf der Shortlist für den Buchpreis in Frankfurt, er ist erschöpft, diese ganze Vor-Wartezeit nimmt ihn sehr mit. Ich finde, so etwas sollte man den Autoren nicht zumuten. So sehr würde ich ihm und Annette wünschen, daß er den Preis bekommt.

Der erwartete spanische Botschafter kommt um zwölf – ein beinahe unscheinbarer, höflicher, bescheidener Mann, der nichts von sich hermacht und Interesse anscheinend nicht nur heuchelt. Er will mich kennenlernen, ehe ich am 4. Oktober in der Botschaft den Ehrendoktor der Madrider Universität entgegennehme. Wir trinken guten Sherry, den Gerd extra für diesen Anlaß besorgt hat. Er will wissen, wie wir uns jetzt, zum zwanzigsten Jahrestag der Wiedervereinigung, fühlen, ich versuche eine ausgewogene Antwort – aber wie sieht die jetzt eigentlich aus? Soll man gegen vollzogene Tatsachen anreden? Soll man die alten Defizite aufwärmen? – Der Botschafter sagt, im Ausland sehe man die Wiedervereinigung als Erfolgsgeschichte, und erzählt von den Schwierigkeiten, die sie in Spanien haben: Die Krise hat sie sehr getroffen, zwanzig Prozent Arbeitslose (während bei uns der Arbeitsmarkt angeblich »boomt« – allerdings sehr viel Zeitarbeiter, Kurzarbeiter usw.). Die Spanier seien allerdings optimistischer als die Deutschen. – Er lebe sehr gern in Berlin, das sei eine interessante, lebendige Stadt (das finde ich allerdings auch, bloß daß ich mir die Lebendigkeit fast nur von innen ansehe).

Wir tauschen noch Bücher aus, der Botschafter verabschiedet sich. Wir essen Gemüsepfanne und Reis, legen uns hin, das ist gegen zwei Uhr. Ich wieder in den Erinnerungen von Markus Wolf. Er bringt als Beleg dafür, daß Geheimdienste das »zweitälteste Gewerbe der Welt« sind, Beweise aus der Bibel. Erzählt Einzelfälle, nicht ohne Anteilnahme, auch Fälle von Überläufern. Ich habe allmählich genug davon, schlafe, mittags immer sehr müde.

Nach vier – so lange bleiben wir meistens liegen – Tee und ein Streifchen Kirschkuchen. Anstatt an diesem Text weiterzuschreiben, bleibe ich beim Fernsehen hocken – das geschieht allzuoft. (Manchmal denke ich: Was hätte ich in all den zahllosen Stunden, die ich vor dem Fernseher verbracht habe, alles tun können!) Dabei fühle ich mich ganz wohl, ich habe das Gefühl, der Tag klingt aus, dabei hellt sich auch meine Mißstimmung oder Depression etwas auf. Ich bin nicht mehr so scharf darauf, den ganzen Tag über rastlos tätig zu sein. Oft taucht, als Entschuldigung, die Zahl meiner Lebensjahre vor mir auf, und was die Töchter sagen, wenn ich klage, ich sei faul: Du kannst es dir jetzt wirklich leisten, endlich mal nicht so tätig zu sein. Nun ja.

Wir zappen also im Nachmittagsprogramm der Sender herum, bis endlich um achtzehn Uhr »Soko 5113« kommt und dann, auf dem anderen Sender, »Großstadtrevier«. Man kennt das Personal, aber ich wüßte keinen einzigen der vielen Fälle zu benennen, die ich gesehen habe. Es ist beschämend.

Wir essen, Salat, Garnelen, Käse. Gerd versucht immer, auch abends etwas aufzutischen, das nicht »bloß Brot« ist.

Dann sehen wir auch noch den »TV-Thriller« »Ein geheimnisvoller Sommer«, eine konstruierte Geschichte, in der Suzanne von Borsody die Hauptrolle spielt, aber auch nur immer dasselbe betroffene Gesicht machen kann.

Auf allen Kanälen diskutieren sie über den Beschluß der Koalition, Hartz IV nur um fünf Euro zu erhöhen. Zumeist geht es an den wirklichen Problemen vorbei und beißt sich an dieser Zahl fest.

Spät berichtet noch in einem Polit-Magazin ein Mann, wie er und seine Familie von der Stasi drangsaliert, praktisch zerstört wurden – zum zwanzigsten Jahrestag der Vereinigung ist Stasi ganz groß im Schwange. Ein Kommentar zu dem Buch von Markus Wolf, in dem ich an diesem Abend endgültig zum letzten Mal lese. Ich muß mich, wie so oft, hoffnungsloser Gedanken fürs große Ganze bewußt entschlagen. Ich denke, wie man dies (aber was?) in ein Schreibstück fassen könnte. Mir fällt nichts ein. Ich wäre nicht untröstlich, wenn ich nicht mehr schreiben würde.

27. September 2011

Schlagzeile Berl. Ztg.: Wowereit wählt
grün: Koalitionen nur eine Stimme
Mehrheit im Abgeordnetenhaus

Nachts um 3 wach aus Traum heraus:
Vor mir liegen drei Tote, alle Ausländer,
eine davon bin ich, bin unkenntlich.
Habe das Gefühl, daß mir in der Schlacht
Fotos verbrannt wurden. Knüpfe an etwas an,
wie ich vorher gehört oder gelesen habe.
Muß mich jedesmal erst daran gewöhnen,
daß ich im Schlaf immer allein bin, das
zweite Bett fehlt.

Ich lese ein paar Seiten in dem Buch
über die Beziehung von   ?
Borghese, das mir Ellen geschickt hat, weiß
nicht, daß B. unfreier war – aus psychischen
Gründen, nicht zuletzt durch die Übermacht
der Mutter.

Lege mich zum Schlafen zurück, das erfordert Zeit und Strategie, seit ich aus dem
Krankenhaus bin. Es gibt eine Lage, in der
ich weniger Schmerzen habe. Entschließe mich, noch
nicht auf den Toilettenstuhl zu gehen, was
ich dann eine Stunde später, kurz vor 5, doch
tun muß – zum Ekel Oper Liebe. Nehme
die 2. halbe Stilnox. Kann schlafen bis in
n abl gegen 8°

Nun schon über 2 Wochen dieses leben zwischen Bett und Sessel ... Da winken mir Schmerzen, die jetzt dadurch schärfere Schmerzschläge
etwas gedämpft sind. Schwere Zweifel, wie es
weiter gehen soll.

2. Nachthälfte. Mehrmals ein paar Zeilen gelesen, zwischend urch geschlafen, bu meine überanstrengung zuletzt bis kurz vor 8.

Lese diesen unvei, ich suche nach einer Lektüre, die mich wirklich sehr benenert – was leicht der Fall ist. Wie immer eingehende Angst vor dem Schmerz beim Aufstehen. ....., die mir zuletzt auf die Nerven ging, an die ich mich etwas gewöhnt habe. Sie ist sehr dienst eifrig.

Toilette, waschen anziehen im Bad. Auch an diesen kindereien gewöhnt man sich, wenn auch schwer. Aber: die andere ist fei aus krankenwesen....

Frühstück. ein Eierbrot. Nach Erholung des Schmerzpflaster scheint der Appetit wieder zu schwinden. Ganz wenig Erbsen gegessen

BZ : es wird laut über den Mürggelsee

27. September 2011

Schlagzeile Berl. Ztg.: Wowereit wählt grün. Koalition mit nur einer Stimme Mehrheit im Abgeordnetenhaus.

Nachts um 3 wach aus Traum heraus: Vor mir liegen drei Tote, alles Ausländer, eine davon bin ich, bin unkenntlich. Habe das Gefühl, daß mir in die Schläfe geschossen wurde. Knüpft an etwas an, was ich vorher gehört oder gelesen habe. Muß mich jedesmal erst daran gewöhnen, daß ich im Schlafzimmer allein bin, das zweite Bett fehlt.

Ich lese ein paar Seiten in dem Buch über die Beziehung von [Estela Canto] zu Borges, das mir Ellen geschickt hat. Wußte nicht, daß B. unfruchtbar war – aus psychischen Gründen, nicht zuletzt durch die Übermacht der Mutter.

Lege mich zum Schlafen zurecht, das erfordert Zeit und Strategie, seit ich aus dem Krankenhaus bin. Es gibt eine Lage, in der ich keine Schmerzen habe. Entschließe mich, noch nicht auf den Toilettenstuhl zu gehen, was ich dann eine Stunde später, kurz vor 5, doch tun muß – eine heikle Operation. Nehme die 2. halbe Stilnox. Kann schlafen bis beinahe gegen 8.

Nun schon über 2 Wochen dieses Leben zwischen Bett und Sessel... Dazwischen irre Schmerzen, die jetzt durch stärkere Schmerzpflaster etwas gedopt sind. Schwere Zweifel, wie es weitergehen soll.

2. Nachthälfte. Mehrmals ein paar Seiten gelesen. Zwi-

schendurch geschlafen, zu meiner Überraschung zuletzt bis kurz vor 8.

Lese dann noch, ich suche nach einer Lektüre, die mich nicht zu sehr beschwert – was leicht der Fall ist. Wie immer eine gewisse Angst vor dem Schmerz beim Aufstehen. Frau [...], die mir zuerst auf die Nerven ging, an die ich mich etwas gewöhnt habe. Sie ist sehr diensteifrig.

Toilette, waschen, anziehen im Bad. Auch an diesen Kinderstatus gewöhnt man sich, wenn auch schwer. Aber: die andere ist ja eine Krankenschwester ...

Frühstück. Ein Eierbrot. Nach Erhöhung der Schmerzpflaster scheint der Appetit wieder zu schwinden. Ganz wenig Erbsen gegessen.

BZ: »Es wird laut über dem Müggelsee«

Anmerkungen

Diese Anmerkungen führen Personen und Zusammenhänge auf, die zum Verständnis der Tagebucheintragungen notwendig sind. Namen von Personen der Zeitgeschichte und Ereignisse, die nicht in unmittelbarer Beziehung dazu stehen und deren Bekanntheit man voraussetzen kann, wurden nicht aufgenommen.

Die im Text erwähnten Mitglieder der Familie von Christa Wolf (geb. Ihlenfeld, *1929) und Gerhard (Gerd) Wolf (*1928):

Annette (*1952), Tochter von Christa und Gerhard Wolf, in erster Ehe verheiratet mit dem Filmregisseur Rainer Simon (*1941), in zweiter Ehe verheiratet mit dem tschechischen Schriftsteller Jan (Honza) Faktor (*1951).

Jana Simon (*1972), Tochter aus erster Ehe, ihr Mann Frank Rothe (*1972) und die gemeinsame Tochter Nora (*2008).

Benjamin Faktor (Benni, 1979-2012), Sohn aus zweiter Ehe.

Katrin (Tinka, *1956), Tochter von Christa und Gerhard Wolf, und ihr Mann Martin Hoffmann (*1948), Maler und Grafiker.

Helene Wolf (*1982), ihre Tochter.

Anton Wolf (*1984), ihr Sohn.

2001

Verein für das ehemalige Jüdische Waisenhaus: Der Verein der Förderer und Freunde des ehemaligen Jüdischen Waisenhauses in Pankow, 2000 gegründet, hat es sich zur Aufgabe gemacht, das Gedenken an ehemaliges jüdisches Leben sowie die Pflege der Stätten jüdischer Kultur in Pankow zu fördern. Christa Wolf war bis zu ihrem Tod Mitglied im den Vorstand beratenden Kuratorium des Vereins.

Das neue Buch: 2002 erschien bei Luchterhand Christa Wolfs Erzählung »Leibhaftig«. Den Umschlag der Erstausgabe gestaltete Martin Hoffmann.

Adolf Dresen (1935-2001): Theater- und Opernregisseur; ging nach Inszenierungen am Deutschen Theater Berlin 1977 in die BRD; lebte nach 1990 in Berlin; mit Christa und Gerhard Wolf befreundet.

Beitrag für eine Anthologie: Der Text »Assoziationen in Blau« erschien in dem Band »Neruda Blau: Ein poetisches Spiel mit der ›schönsten aller Farben‹«, hrsg. von Gabriele Pommerin-Götze, Gräfelfing 2003. Ein Jahr später nahm Nadine Gordimer ihn in die von ihr herausgegebene Anthologie »Telling Tales« auf. (Auch in: Christa Wolf, »Mit anderem Blick«, Frankfurt 2005, S. 35-39.)

Maria Sommer (*1922): Leiterin der Gustav Kiepenheuer Bühnenvertriebs GmbH, Ehrenpräsidentin der VG Wort; eng befreundet mit Christa und Gerhard Wolf, deren Medienrechte sie vertritt.

Der Text, der eigentlich das Zentrum eines jeden Tages sein sollte: Christa Wolf arbeitet am Manuskript zu »Stadt der Engel oder The Overcoat of Dr. Freud«, Berlin 2010.

Ein längeres Porträt über Hans Stubbe: »Ein Besuch«, entstanden 1968, erschien in dem Band: Christa Wolf, »Lesen und Schreiben«, Berlin 1971, für den Hans Stubbe ein Nachwort schrieb. Enthalten in: Christa Wolf, »Werke«, hrsg. von Sonja Hilzinger. Band 4: »Essays/Gespräche/Reden/Briefe 1959-1974«, München 1999, S. 283-289.

Ein neuer Essay von Peter Hacks: »Zur Romantik«, Hamburg 2001.

Gesprächskreis: Ein von Christa Wolf geleiteter Gesprächskreis, zu dem sich von 1989 bis 2005 monatlich Intellektuelle aus Ost und West trafen, um aktuelle politische und kulturelle Probleme zu diskutieren.

Peter Bender (1923-2008): Deutscher Historiker, Publizist und Journalist, Berlin-Korrespondent des WDR, in den Siebzigern ARD-

Hörfunkkorrespondent in Warschau. Er war ein Befürworter der Ostpolitik von Willy Brandt und Egon Bahr.

2002

Tubachs: Frederic (Fritz) Tubach (*1930), Professor für Germanistik an der University of California in Berkeley, und seine Frau Sally Patterson Tubach; befreundet mit Christa und Gerhard Wolf.

OWEN: Das Ost-West-Europäische FrauenNetzwerk wurde 1992 gegründet mit dem Ziel, die Zusammenarbeit von zivilgesellschaftlich und politisch aktiven Frauen, Bewegungen und Organisationen in Ost- und Westeuropa zu fördern. Katrin Wolf war Mitbegründerin und arbeitete dort bis 2003.

Ruth und Hans Misselwitz: Ruth Misselwitz (*1952), evangelische Pfarrerin der Alten Pfarrkirche in Pankow, Mitbegründerin des Pankower Friedenskreises. Hans Misselwitz (*1950), 1990 Abgeordneter der Volkskammer und Parlamentarischer Staatssekretär im Außenministerium der letzten DDR-Regierung; von 1999 bis 2005 Büroleiter von Wolfgang Thierse im Parteivorstand der SPD; von 2005 bis 2010 Geschäftsführer des »Forum Ostdeutschland der Sozialdemokratie«; seit 2010 Sekretär der Grundwertekommission der SPD. Beide mit Christa und Gerhard Wolf befreundet.

Marina Beyer (*1950): Verhaltensbiologin; in den achtziger Jahren Mitglied des Pankower Friedenskreises; Gleichstellungsbeauftragte der letzten DDR-Regierung, Katrin Wolf war ihre persönliche Referentin. Mitbegründerin von OWEN.

Gerhard Rein (*1936): Redakteur beim Süddeutschen Rundfunk, ab 1982 Berichte aus der DDR; von 1992 bis 1997 ARD-Hörfunkkorrespondent für das südliche Afrika. Bedeutendes Interview mit Christa Wolf am 8. Oktober 1989, das über fast alle westdeutschen Radiosender ausgestrahlt wurde (vgl. Gerhard Reins Rede in »Wohin sind wir unterwegs? Zum Gedenken an Christa Wolf«, Berlin 2012, S. 56-58).

Ulrich Dietzel (*1932): Langjähriger Leiter des Literaturarchivs der Akademie der Künste in Ostberlin, von 1990 bis 1993 deren Leiter. 2003 veröffentlichte er »Männer und Masken. Kunst und Politik in Ostdeutschland. Ein Tagebuch 1955-1999«.

INKOTA: Ökumenisches Netzwerk von entwicklungspolitischen Basisgruppen, Weltläden und Kirchengemeinden, das sich als Teil der weltweiten globalisierungskritischen Bewegung versteht und zu dessen Beirat Christa Wolf gehörte.

Ellen und Jörg Jannings: Jörg Jannings (*1930), Hörspielregisseur, leitete bis 1993 die Abteilung Künstlerisches Wort des RIAS. 1997 führte er für den NDR Regie beim Radiostück nach Christa Wolfs »Medea. Stimmen«. Mit Christa und Gerhard Wolf befreundet.

Aenne und Frieder Schlotterbeck: Friedrich Schlotterbeck (1909-1979), Schriftsteller; verbrachte als Kommunist während des Nationalsozialismus wegen illegalen antifaschistischen Widerstands zehn Jahre in Konzentrationslagern und Zuchthäusern, konnte 1944 in die Schweiz fliehen. Zusammen mit seiner Frau Anna Schlotterbeck (1902-1972) übersiedelte er 1948 nach Ostdeutschland. In der DDR wurden beide im Zuge stalinistischer Prozesse wiederum zu Gefängnishaft verurteilt. Christa und Gerhard Wolf waren mit ihnen bis zu ihrem Tod befreundet.

Raja und Lew Kopelew: Lew Kopelew (1912-1997), russischer Germanist und Schriftsteller; nach politischer Haft 1957 zunächst rehabilitiert, 1968 aus der KPdSU ausgeschlossen und diskriminiert; 1980 Ausreise nach Köln, 1981 Ausbürgerung. Raja (Raissa Dawydowna Orlowa-Kopelew, 1918-1989), Amerikanistin, Schriftstellerin; zweite Ehefrau von Lew Kopelew, mit ihm gemeinsam 1981 aus der Sowjetunion ausgebürgert. Beide waren seit 1965 mit Christa und Gerhard Wolf befreundet.

Otl Aicher und Inge Aicher-Scholl: Otl Aicher (1922-1991) und seine Frau Inge Aicher-Scholl (1917-2000) lernten Christa und Gerhard Wolf 1987 anläßlich der Verleihung des Geschwister-Scholl-Preises an Christa Wolf kennen, seitdem lebhafter freundschaftlicher Kontakt.

Efim Etkind (1918-1999): russischer Literaturwissenschaftler und Übersetzer, setzte sich für Alexander Solschenizyn und Joseph Brodsky ein; 1974 aus der Sowjetunion ausgewiesen, lehrte lange Jahre an der Université Paris X Nanterre. Mit Christa und Gerhard Wolf befreundet.

Briefwechsel mit Anna Seghers: Anna Seghers / Christa Wolf, »Das dicht besetzte Leben. Briefe, Gespräche und Essays«, hrsg. von Angela Drescher, Berlin 2003.

Briefwechsel mit Charlotte Wolff: Christa Wolf / Charlotte Wolff, »Ja, unsere Kreise berühren sich«, München 2004.

2004

Carlfriedrich Claus (1930-1998): Avantgardistischer Künstler, weltbekannt durch seine »Sprachblätter«; ab 1970 mit Christa und Gerhard Wolf befreundet. Zahlreiche Titel zu Claus erschienen im Verlag Gerhard Wolf Janus press Berlin (»Zwischen dem Einst und dem Einst. Sprachblätter 1959-1993«, Berlin 1993; »Aurora«, Berlin 1995 – eine Vergrößerung dieser Blätter ist im Deutschen Bundestag ausgestellt).

Gerald J. Trageiser (*1942): von 1995 bis 2004 Leiter des Luchterhand Literaturverlags.

Die Rolle der Brigitte Reimann: Martina Gedeck spielt in »Hunger auf Leben«, das auf den Tagebüchern von Brigitte Reimann basiert, unter der Regie von Markus Imboden die Rolle der Schriftstellerin.

2005

Tagebuchaufzeichnungen Kurt Sterns: Kurt Stern, »Was wird mit uns geschehen? Tagebücher der Internierung 1939 und 1940«, mit einem Vorwort von Christa Wolf, Berlin 2006. Kurt Stern (1907-1989), Schriftsteller, übersiedelte gemeinsam mit seiner Frau Jeanne Stern (1908-2000) nach den Jahren der Teilnahme am Spanischen Bürgerkrieg gegen Franco und des Exils in Mexiko 1946 nach Ostberlin. Befreundet mit Christa und Gerhard Wolf.

Der Katalog der Carlfriedrich-Claus-Ausstellung: Vom 24. Juli bis 9. Oktober 2005 wurde in den Kunstsammlungen Chemnitz die Ausstellung »Schrift. Zeichen. Geste. Carlfriedrich Claus im Kontext von Klee bis Pollock« gezeigt. Im gleichnamigen Katalog (hrsg. von Ingrid Mössinger und Brigitta Milde, Köln 2005) ist Christa Wolfs Beitrag »An Carlfriedrich Claus erinnern« enthalten (auch in: Christa Wolf, »Rede, daß ich dich sehe. Essays, Reden, Gespräche«, Berlin 2012, S. 131 f.).

Christoph Stölzl (*1944): Publizist und ehemaliger Direktor des Deutschen Historischen Museums in Berlin, moderierte 2004/2005 im Wechsel mit Michael Naumann die Sendung »Im Palais« des RBB.

2006

DARE: »Democracy and Human Rights Education in Europe / Europäisches Netzwerk für Demokratie und Menschenrechtsbildung«; Katrin Wolf unterstützte das Netzwerk während der ersten drei Jahre im Aufbau.

2007

Cornelius Schnauber (*1939): Professor der Germanistik an der University of Southern California in Los Angeles. Er veröffentlichte u. a. den Band »Spaziergänge durch das Hollywood der Emigranten«, Zürich 1992.

Nuria Quevedo (*1938): Malerin und Grafikerin katalanischer Herkunft, die 1952 mit ihren Eltern nach Berlin ins Exil ging; seit 1997 verbringt sie einen Teil des Jahres im katalanischen Sant

Feliu de Guíxols. Die intensive Freundschaft zwischen ihr und Christa Wolf begann in den achtziger Jahren während ihrer Arbeit an Radierungen zu »Kassandra«.

2009

Honzas Buch: Jan Faktors Roman »Georgs Sorgen um die Vergangenheit oder Im Reich des heiligen Hodensack-Bimbams von Prag« erscheint 2010.

2011

Buch über die Beziehung von [Estela Canto] zu Borges: Estela Canto, »Borges im Gegenlicht«, aus dem Spanischen von Christian Hansen, München 1998.

Christa Wolf
im Suhrkamp und Insel Verlag

August. Klappenbroschur. 38 Seiten

Der geteilte Himmel. Text und Kommentar.
Kommentar von Sonja Hilzinger. SBB 87. 338 Seiten

Kassandra. st 4052. 179 Seiten

Kassandra. Text und Kommentar. SBB 121. 269 Seiten

Kein Ort. Nirgends. st 3914. 110 Seiten

Kein Ort. Nirgends. Text und Kommentar.
Kommentar von Sonja Hilzinger. SBB 75. 158 Seiten

Kindheitsmuster. st 3915. 637 Seiten

Leibhaftig. st 4078. 178 Seiten

Die Lust, gekannt zu sein. Erzählungen 1960-1980. st 3942.
344 Seiten

Medea. Stimmen. st 4008. 224 Seiten

Medea. Text und Kommentar. Kommentar von Sonja Hilzinger.
SBB 110. 255 Seiten

Mit anderem Blick. Erzählungen. Gebunden und st 3827.
191 Seiten

Nachdenken über Christa T. BS 1404 und st 3913. 207 Seiten

Rede, daß ich dich sehe. Gebunden. 208 Seiten

NF 1040 / 1 / 01.14

Sommerstück. st 3941. 236 Seiten

Stadt der Engel oder The Overcoat of Dr. Freud.
Gebunden und st 4275. 416 Seiten

Störfall. Nachrichten eines Tages. st 4079. 130 Seiten

Ein Tag im Jahr. 1960-2000. st 4007. 703 Seiten

Ein Tag im Jahr im neuen Jahrhundert. 2001-2011. Gebunden.
163 Seiten

Unter den Linden. IB 1355. 72 Seiten

Voraussetzungen einer Erzählung: Kassandra.
Frankfurter Poetik-Vorlesungen. st 4053. 246 Seiten

Was bleibt. st 3916. 92 Seiten

Der Worte Adernetz. Essays und Reden. es 2475. 171 Seiten

Zusammen mit Gerhard Wolf

Ins Ungebundene gehet eine Sehnsucht. Projektionsraum
Romantik. it 3380. 450 Seiten

Zusammen mit Charlotte Wolff

Ja, unsere Kreise berühren sich. Briefe. Mit Abbildungen.
st 4080. 169 Seiten

Über Christa Wolf

Christa Wolf. Leben, Werk, Wirkung. Suhrkamp BasisBiographie. Von Sonja Hilzinger. sb 24. 160 Seiten

Wohin sind wir unterwegs? Zum Gedenken an Christa Wolf. es-Sonderdruck. 90 Seiten

filmedition suhrkamp

Der geteilte Himmel. Nach der Erzählung von Christa Wolf. Zwei DVDs mit einem Essay von Ulla Unseld-Berkéwicz. Etwa 116 Minuten + Extras. s/w. filmedition suhrkamp 7